Diana Beata Balkhausen

Ärger, Wut und Ohnmacht

Diana Beata Balkhausen

Ärger, Wut und Ohnmacht

Therapeutischer Ratgeber für einen versöhnlichen Umgang mit ungeliebten Gefühlen

holotropos

Der holotropos-Verlag widmet sich der Bewusstseinsforschung.

Der Name bedeutet: „sich aufs Ganze zubewegen". Er ist eine Referenz an die von Stanislav und Christina Grof entwickelte „Holotrope Atemarbeit®", einer kraftvollen psychodynamischen und spirituellen Methode der Selbsterfahrung und Bewusstseinserforschung.

Das Spektrum unserer Veröffentlichungen umfasst Spiritualität und Wissenschaft in Verbindung mit den Arbeitsfeldern der Transpersonalen Psychologie. Die „Philosophia perennis" bildet darin mit ihren ewig währenden Grundwahrheiten der großen Weisheitstraditionen der Welt das die weltanschaulichen Grenzen transformierende Element.

Wir bieten den HerausgeberInnen und AutorInnen eine offene, engagierte und kompetente Zusammenarbeit an unter Berücksichtigung ihrer speziellen Wünsche.

holotropos-Verlag Regina Beller
Johann-Sebastian-Bach-Straße 10
D-77654 Offenburg

Tel. +49 (0)781 41215
E-Mail: holotropos@gmx.de
www.holotropos-verlag.de

ISBN 978-3-9812119-2-4

Printed in Germany
Einbandgestaltung: Torsten und Regina Beller,
Titelbild: „Heiliger Zorn" von Regina Beller, 2003 (56x42 cm)
Satz: Torsten Beller
Druck: Frick Digitaldruck, Krumbach

INHALT

EINLEITENDE WORTE

Innerhalb meiner beruflichen Praxis begegne ich häufig Menschen, die Schwierigkeiten haben, ihre Konflikte in ihren Beziehungen zu ihrer Zufriedenheit zu lösen. Für manche Menschen ist es besonders schwierig, in nahen und intimen Beziehungen Ärger und Wut zu äußern. Gerade den Menschen gegenüber, die sie sehr mögen und die ihnen wichtig sind, fühlen sie sich hilflos und nicht in der Lage, die so genannten negativen Gefühle zuzulassen und angemessen mitzuteilen. Jemand, der uns nicht so nahe steht, macht uns in der Regel auch nicht so wütend wie gerade derjenige, dem wir uns verbunden fühlen.

Konflikte mit Fremden sind da manchmal leichter zu bewältigen als gerade mit den Liebsten. Denn diese gehen uns unmittelbar an. Im Kontakt mit ihnen sind wir gefühlsmäßig beteiligt, nehmen Verletzungen, Enttäuschungen und Kränkungen, die der eigenen Wut oft zugrunde liegen, eher wahr. Gelingt es nicht, Konflikte mit nahe stehenden Menschen friedlich zu lösen, kommt es nicht selten zum inneren oder äußeren Rückzug. Die Vermeidung von Störungen wirkt sich dann lähmend auf die Beziehung aus oder führt gar in die Resignation und Entfremdung vom anderen. Unsere Beziehungen werden dann vielleicht sprachlos, unlebendig, oder bedrückend und oberflächlich. Die Unzufriedenheit wächst, aber ebenso auch die Ohnmacht. Wutgefühle können sich über einen längeren Zeitraum aufstauen und entladen sich dann in Bezug auf kleine oder nichtig erscheinende Anlässe so heftig, dass der Attackierte dieses Ausmaß kaum verstehen kann. Er fühlt sich verletzt, und der Gefühlsausbruch wirkt sich eher zerstörerisch auf die Beziehung aus, als dass er zur Lösung der Probleme beiträgt.

Auch im beruflichen Alltag werden solche Gefühle nicht oder auf oftmals unangemessene Weise geäußert.

Vor einiger Zeit sprach ich mit einem Klienten, der seit über 20 Jahren für seine Firma tätig ist, einem gewissenhaften, zuverlässigen und leistungsorientierten Mann, dem plötzlich und für ihn nicht vorhersehbar durch eine Umstrukturierungsmaßnahme sein gesamter Arbeitsbereich entzogen worden war. Sein von ihm betreuter Kundenstamm wurde ihm genommen. Zwanzig Aufbaujahre waren in seiner Wahrnehmung verloren und auf einen Schlag zunichte gemacht. Er fühlte sich um die Früchte seiner Arbeit betrogen und nicht im Geringsten in seinen Leistungen anerkannt. Diese Gefühle sind dem Arbeitgeber nicht bekannt. Seine Wut und seinen Zorn, die wegen dieser Enttäuschung in ihm *vor sich hin kochen*, kennt nur seine Frau, und das auch nicht in vollem Ausmaß. Er fühlt sich ohnmächtig ausgeliefert, versteckt seinen Ärger hinter hilflosem Lächeln, als er mir von seiner Geschichte berichtet. Er ist geplagt von depressiven Symptomen, kann nicht mehr schlafen, fühlt sich elend und mutlos. Durchaus sachliche Diskussionen mit dem Arbeitgeber hatten nicht zu einer Lösung geführt, weil diese Gespräche eben nicht die Ebene enthielten, um die es eigentlich geht. Denn wenn es um die Lösung von Konflikten geht, bei der solch intensive Gefühle vorhanden sind, heißt es:

Runter von der Sachebene!

Die von vielen Menschen verinnerlichte Moralregel des geschäftlichen Lebens: *Jetzt bleiben Sie mal sachlich!*, ist in Wirklichkeit nur hinderlich. Sie verstärkt das Gefühl, nur funktionieren zu müssen und kein Anrecht auf ein menschliches Miteinander zu haben. Sachlich zu bleiben, wenn es innerlich tobt und wühlt, lässt uns die Selbstachtung verlieren. Wir fühlen uns abhängig und gelähmt. Mit diesem Anspruch unterdrücken wir uns selbst und machen uns klein. Das ist allerdings die ungünstigste Position, wenn es darum geht, eine Konfliktlösung zu finden, die uns zufrieden stellt.

Das zugrunde liegende Problem ist unsere eigene Angst vor der Wucht unserer Gefühle. Wir wagen es nicht, uns zu zeigen, weil wir oft schon früh gelernt haben, dass diese Gefühle nicht in Ordnung sind, dass wir selbst nicht in Ordnung sind, wenn wir so fühlen. Statt Ärger zu äußern, empfinden wir dann Schuld und Scham über unseren Zustand. In der vorhin beschriebenen Geschichte geht es nicht in erster Linie um einen Sachverhalt, sondern um Kränkungen und Enttäuschungen, um Verluste und um das Gefühl, nicht gesehen und in seinen Leistungen nicht geachtet zu werden. Es geht um Ohnmacht und Hilflosigkeit.

Die Kunst, mit diesen aufwühlenden Gefühlen sinnvoll und liebevoll umzugehen, haben wir meistens nicht gelernt, und daraus folgt dann auch, dass es uns nur wenig gelingen kann, auf angemessene Weise unsere Befindlichkeit, unsere Wünsche, unsere Enttäuschungen und unseren Ärger an richtiger Stelle zu äußern.

Im beruflichen wie auch privaten Alltag herrschen missverständliche, manchmal kindlich trotzig erscheinende Verhaltensweisen häufig vor. Es handelt sich dabei vielleicht um Verweigerung oder um „Sich-Lustig-Machen" oder um Türen-Schlagen. Diese Art, sich mit seinem Unmut deutlich zu machen, ist einem konstruktiven Ausgang der Problemlage meist jedoch nicht dienlich.

Häufig wird der Ärger auf der Suche nach Solidarität an falscher Stelle ausgelebt. Wir laden dann unseren Unmut bei Freunden und

Verwandten oder bei Kollegen ab, was für einen kurzen Moment entlastet, die Gefühle aber eher schürt und anfeuert, statt sie zu lösen. Die Strategien, die wir in einer solchen Situation anwenden, um den einzig richtigen Weg – nämlich den Konflikt da anzusprechen, wo er entstanden ist – zu vermeiden, sind vielfältig.
Abwertungen desjenigen, der uns geschädigt hat, und andere Distanzierungsversuche kosten uns letztendlich viel Kraft. Abwertungen und Verweigerung sind Formen der Aggression, die dazu dienen sollen, den emotionalen Teil unter Kontrolle zu bringen. Sie wirken aber eher destruktiv als konstruktiv, und die Verleugnung der zugrunde liegenden Gefühle kostet zusätzlich Kraft.

Durch frühere Erlebnisse und Erfahrungen im eigenen Leben kann es sogar dazu gekommen sein, dass uns diese Gefühle gar nicht bewusst werden, ebenso wenig wie unsere verzweifelten Lösungsstrategien. Diese können vielfältig sein. Man entschuldigt zum Beispiel das Verhalten der anderen, versucht die Lage des Arbeitgebers oder anderer Konfliktpartner zu verstehen, erhöht seine Anstrengungen, doch noch einen anerkannten Platz im Alltagsgefüge einzunehmen.

Die Geschichte des vorhin erwähnten Klienten ist kein Einzelfall. Nicht verarbeitete, vom Arbeitgeber verordnete Arbeitsplatzwechsel, Degradierungen oder Versetzungen ziehen häufig psychosomatische Beschwerden und Krankheiten nach sich, bis hin zu suizidalen Handlungen. Auch fehlende Anerkennung oder Wertschätzung des Arbeitgebers, egal auf welche Weise, hinterlassen solche Empfindungen, wenn dies über einen längeren Zeitraum nicht zu befreienden Konsequenzen führt. Dann erlahmt die Motivation, sich für die Mitarbeit zu engagieren. Es treten stattdessen depressive Zustände auf oder es kommt zu psychosomatischen Beschwerden, zum Beispiel zu Schmerzen ohne körperliche Ursache, zu nächtlichem Zähneknirschen, Magenbeschwerden oder Suchtkrankheiten. Die Flucht in süchtiges Verhalten jedoch schwächt und verschlimmert die Lage auf jeder Ebene noch weiter.

Wut, Ärger und emotionale Aggression sind Gefühle, die in unserem Kulturkreis sehr negativ bewertet werden. Deshalb sprechen viele auch von negativen Gefühlen, wenn sie von Wut und anderen tabuisierten Emotionen sprechen, auch Trauer gehört oft mit in diese negative Betrachtungsweise. Aber wie alle anderen Gefühle sind auch diese weder gut noch schlecht. Sie gehören zum menschlichen Dasein und haben darin auch einen nicht zu unterschätzenden wertvollen Sinn. Jeder hat sie und kennt sie, wenn auch in unterschiedlichem Ausmaß. Nicht die Gefühle sind negativ, sondern einzig und allein unsere Bewertung. Diese Bewertung führt zu Schuld- und Schamgefühlen und zu einem Zustand, in dem wir uns minderwertig fühlen. Die Wut selbst enthält viel Kraft und Lebendigkeit, die wir uns mehr und mehr versagen, je mehr wir die Wut abwerten. Indem wir sie verteufeln, schaffen wir uns in unserem Inneren eine eigene Hölle, aus der heraus wir die Menschen um uns herum als Feinde betrachten. Wir konstruieren uns eine Welt, in der wir die Ohnmächtigen sind, während die anderen die Mächtigen und manchmal auch die Bösen sind. All das ist unnötig und kostet uns Kraft, Energie und Lebendigkeit.

Die Wut selbst hat mit diesen Kategorien wenig zu tun. Sie ist einfach da und könnte jedem Menschen ein hilfreicher Freund sein, der uns darin unterstützt, sich selbst zu achten und sein Leben aus der eigenen Kraft heraus zu gestalten.

Ärger, Wut und Aggression enthalten Dimensionen, die notwendig sind für die menschliche Entwicklung. Ohne die Qualität des Zupackens und des Ergreifens, ohne Kraftausdruck ist lebendiges Leben nicht möglich. Wenn ich im Folgenden von Aggression spreche, meine ich vor allem emotionale Aggression im Kontext von psychischem Erleben und Beziehungsgestaltung. Ich beschäftige mich weniger mit den Grundlagen von Trieb- und Aggressionstheorien und gehe auch nicht auf komplexe Dimensionen der aktuellen Gewaltdiskussion ein, sondern versuche auf dem Hintergrund meiner therapeutischen Erfahrungen einen Blick auf aggressive Gefühle zu werfen, der diese in einen positiven Sinnzusammenhang stellt.

Aggressiv sein heißt in seiner ursprünglichen Wortbedeutung zunächst einmal: auf etwas zugehen. Und ich gehe davon aus, dass Wut und Ärger als grundlegende Gefühle der Aggression konstruktiv genutzt werden können, um Beziehungen aufzunehmen, zu klären und zu bereichern, anstatt sie zu zerstören. Wut und Ärger können als Impulse gesehen werden, auf einen anderen Menschen zuzugehen. Wenn sie stattdessen im Inneren festgehalten und mit verschiedenen Strategien der Vergeltung, der Rache und des Kontaktabbruchs genährt und gefüttert werden, wirken sie zerstörerisch, und zwar umso eher, je unbewusster mit ihnen umgegangen wird. Ob unsere wütenden und aggressiven Emotionen kriegerische oder friedliche Auswirkungen haben, hängt in erster Linie davon ab, wie wir sie bewerten und auf welche Art wir sie in unser Leben integrieren. Ein für die eigene Person gesunder und im friedlichen Zusammenleben mit anderen förderlicher Umgang mit den vermeintlich negativen Gefühlen ist möglich und kann erlernt werden. Die nachfolgenden Seiten werden sich mit den Irrungen und Wirrungen beschäftigen, mit denen wir Menschen versuchen, Wut und Ärger auf destruktive Weise unter Kontrolle zu bringen, und einen konstruktiven Weg aufzeigen, wie wir in gesunder und heilsamer Weise mit diesen uns innewohnenden Kräften umgehen können, sodass wir unser menschliches Miteinander letztendlich friedlicher gestalten, ohne uns mit oberflächlichen Scheinharmonien zufrieden zu geben und unsere natürlichen Impulse verleugnen zu müssen.

ERSTER TEIL

VOM SINN DER AGGRESSION

1. Aggression – ein sinnvoller Zustand im Entwicklungsprozess

Aggression ist ein natürlicher Bestandteil in jedem Entwicklungsprozess. Am einfachsten wird es auch für mich immer wieder deutlich, wenn ich mir den Prozess einer Geburt vor Augen führe. Diesen Entwicklungsprozess hat jeder von uns erfahren und durchlebt, zwar jeder auf verschiedene Art und Weise mit unterschiedlichen Komplikationen, aber was die durchzumachenden Phasen betrifft, doch immer ähnlich. Im Verlauf der Geburt erleben wir eine Entwicklung von einem abhängigen Zustand hin zu einem freien und körperlich unabhängigen Zustand in einer völlig neuen Daseinsdimension. Unsere Seinsweise verändert sich vollständig vom Leben in einem abgeschlossenen Raum in die Welt hinein auf eine ganz neue Ebene. Jeder Entwicklungsprozess, der zu mehr Freiheit führt, enthält ähnliche Dimensionen wie der Geburtsprozess – als erste gewaltige Erfahrung eines jeden Menschen.

Stanislav Grof, ein tschechischer Psychologe, der seit vielen Jahren in Kalifornien lehrt und ausbildet, zeigte in einem Seminar im Jahre 2002 in Süddeutschland an Hand unzähliger Bilder und Fotos für mich sehr eindrücklich die vier Phasen eines Entwicklungsprozesses auf, wie er auch für die Geburt gilt.

Stanislav Grof lernte durch vielfältige wissenschaftliche Studien über die psychologischen Wachstums- und Entwicklungsprozesse von Patienten solche Entwicklungszyklen feiner zu unterscheiden und auch zu deuten. Seine Ausführungen ließen mich etwas Grundlegendes über menschliche Natur und menschliches Dasein verstehen. Wenn ich die Menschen in meiner Umgebung wahrnehme und ihre Lebensgestaltungsversuche auf mich wirken lasse, erkenne ich darin etwas von dem wieder, was Grof mich lehrte, und ich kann ihren Lebensraum und die Strukturen ihres Lebens besser nachvollziehen.

Denn jedem Anfang liegt ein Zauber inne...

In den Bildern Grof's zeigt sich dieser Zauber als etwas Wunderbares. Die erste Phase einer Entwicklung beginnt häufig mit einem gar paradiesischen Zustand. Im Fall unserer bevorstehenden Geburt schwimmen wir im warmen, wohltemperierten Wasser im Bauch unserer Mutter, mit der wir über die Nabelschnur verbunden und ganz von ihr umgeben und geschützt sind. Es ist warm und weich. Es gibt genügend Platz und Raum, wir sind geschützt gegen Stöße und Gefahren von außen. Wir werden genährt, ohne etwas dafür tun zu müssen, es ist rundum für uns gesorgt, mit nur einem Ziel, dass wir gut und gesund gedeihen. Kurzum, ein vollständig wohliger Zustand, wenn alles gut geht, die Mutter uns mit Freude erwartet, was ihr durch die Natur der Hormone noch erleichtert wird, und nicht etwa einen Abtreibungsversuch unternimmt oder durch andere Konflikte selbst bedroht ist, so dass wir in diesem gut organisierten Zustand Störungen erleiden müssten. Meistens geht es gut, denn für diese Gelegenheit hat die Natur viele Sicherheiten des Schutzes eingebaut, so dass wir alle diesen Zustand und auch den nachfolgenden Prozess erleben durften.

In den meisten Fällen ist hier gut für uns gesorgt, und wenn wir jetzt schon bewusst erleben, denken und sprechen könnten, würden wir wahrscheinlich sagen, dass das Leben es wirklich gut mit uns meint.

Doch dann folgt die zweite Phase dieses Entwicklungszyklus. Denn wenn es uns im Bauch dieser Mutter so gut geht, wachsen und gedeihen wir prächtig in einer von der Natur dafür vorgegebenen Zeit, etwa acht Monate lang, bis es zunehmend enger wird in dieser bis dahin wunderbaren Wohnstatt. Wir treffen immer öfter auf die Grenzen der Bauchdecke. Als ich Stan Grof bei seinen Schilderungen zuhörte, fielen mir zugleich auch Bilder und Szenen von Beziehungen ein. Immer beginnt es paradiesisch. Man fühlt sich verbunden, wohlig und wie in der Ewigkeit lebend. Hoffnungsvoll und voller Staunen erlebt man sich, den anderen und die gemeinsame Zeit in einem farbig durchtränkten Licht. Immer, aber auch wirklich immer tauchen irgendwann zwangsläufig die Grenzen auf. Es ist wie im Bauch der Mutter. Bei mindestens einem Partner treten vielleicht Gefühle von Enge auf, oder Ängste, keinen Raum mehr zu haben in der Beziehung. Es tauchen Grenzen des Verstehens auf, und die paradiesische Zweisamkeit bekommt im zunehmenden Entwicklungsprozess einer Beziehung Konflikte, innerhalb oder außerhalb. Man fühlt sich eingeengt oder vom anderen bedrängt, alleingelassen oder nicht gesehen. Das Verhältnis von Nähe und Distanz muss immer wieder neu gestaltet werden, was häufig auch mit Schmerzen oder Konflikten verbunden sein kann. Auch im Bauch der Mutter mag es sein, dass es nicht klar umrissen werden kann, von wo diese neuen Empfindungen der Ungemütlichkeit eigentlich kommen. Wir können diese Situation nicht wirklich aus der Distanz erkennen. Wir fühlen nur uns und diesen Wasserraum und wissen nicht, was wir sind und was nicht. Wir haben im Paradies gelebt, in dem es keine Unterscheidungen gibt. Wir sind auf wunderbare funktionierende Weise verbunden und alles gehört zusammen. Die Vorboten der Trennung und Unabhängigkeit zeigen sich und gehören zum Prozess.

Die zweite Phase, egal ob es sich um Geburt oder auch andere Phasen des Lebens handelt, ist gekennzeichnet vom Gefühl der Enge, des Eingesperrtseins und aus einer Situation nicht Herauskönnens. Die zweite Phase, so beschrieb es Grof, ist die Not, nicht vor und zurück zu können. Wir fühlen uns wie in einem Käfig, festgeklemmt und festgehalten in einem aussichtslosen Kampf. Denn der Kampf um die Veränderung der Situation hat schon begonnen: der Kampf gegen die Mauern, die im Fall der Geburt die Bauchwände der Mutter sind.

Im Leben spüren wir in solchen Momenten verzweifelte Bewegungen, die alle erlahmen müssen, weil die Tür, durch die wir wollen, weder spürbar noch sichtbar ist. Wir erkennen keinen Ausweg, nur die bedrohliche Lage und den Wunsch nach Erlösung aus der unerträglichen Situation. Im Falle der Geburt gibt der Bauch der Mutter kaum nach, der Muttermund ist noch nicht geöffnet, der Kopf oft schon auf eine unveränderbare Lage festgelegt, der Bewegungsspielraum klein. Eng und ungemütlich wird es in dieser Phase.

Wer kennt solche Empfindungen nicht aus entsprechenden Phasen des eigenen Lebens, in denen Umbrüche und Veränderungen durch wesentliche Entscheidungen folgten.

In der nun folgenden dritten Phase wirkt das Kraftvolle, das Aktive und auch Aggressive. Der Druck wird so groß, dass es nach einem deutlichen Durchbruch verlangt. Dies geschieht immer auf sehr heftige Weise. Diese Phase im Geburtsprozess geht mit Geschäftigkeit und Aktivität im Geburtszimmer einher. Plötzlich sind alle hellwach, eine Bereitschaft zum Handeln, eine Bereitschaft für den durchbrechenden Augenblick ist da. Die Stöße, mit denen der Kopf des Babys gegen den Muttermund schlägt, werden stärker. In dieser Phase unserer Geburt setzen wir in der Regel unser gesamtes

Potential an Kraft, das wir zur Verfügung haben, ein. Wir arbeiten uns mit Gewalt durch die Enge. Der Durchtritt ist nicht selten auch mit Zerstörung verbunden. Manchmal reißt der Damm. Es gibt Blutvergießen und Schmerz. Kräfte reiben sich zwischen dem Körper der Mutter und uns. Auf jeden Fall wird die Nabelschnur zerstört und durchtrennt.

Jede aggressive Handlung auch im späteren Leben enthält manche solcher Elemente der Kraft und der Zerstörung, des Reibens von Kräften und des Kampfes gegen einen Widerstand. Blutvergießen und starke Schmerzen auf körperlicher und seelischer Ebene sind Erscheinungen des Krieges und jeder Gewalt. Aber auch die weniger heftigen aggressiven Begebenheiten im Leben sind mit schmerzhaften, reibenden und trennenden Aspekten verbunden. Gelingt der Durchbruch auf natürliche Weise, befinden wir uns im Falle der Geburt in einer neuen Dimension des Lebens. Ein grandioser Entwicklungsschritt ist vollzogen. Wir sind frei durch die Trennung der körperlichen Verbindung mit der Mutter, die bis dahin lebenserhaltend war. Wir befinden uns auf einer anderen Ebene des Lebens mit anderen Wahrnehmungsmöglichkeiten, in einer vollständig neuen Dimension des Seins. Hier beginnt die vierte Phase des Entwicklungsprozesses. Wir sind frei und fühlen uns in der neuen Dimension wohl. Neugeborene schlafen oft lange, entspannt und friedlich nach dieser anstrengenden Arbeit ihrer Geburt.

Im übertragenen Sinn gibt es solche Empfindungen der Freiheit, des Neubeginns und der veränderten Wahrnehmung der Dinge auch nach Krisen, nach Trennungen und Zeiten schwerer Depression. Auf eine Zeit der Mutlosigkeit, der Trauer und des Schmerzes, manchmal auch der Orientierungslosigkeit und des Gefühls des Nicht-Weiter-Wissens folgt im besten Fall einer positiven Entwicklung ein Umbruch hin zur Aktivität. Wut und Zorn begleiten diese

Umbrüche. Verlassene Partner, die sich lange in schmerzhafter Sehnsucht gefangen fühlten, geraten in Wut. Sie entwickeln Rachegedanken und finden im Zorn oft wieder die Kraft, ein eigenes neues Leben zu gestalten. Erst dann können sie die Freiheit schätzen und genießen und sich in ihr wohl und zufrieden fühlen. Ein Entwicklungsschritt in die eigene Freiheit und Eigenständigkeit geschieht auch hier. Manchmal werden Zeiten der Beziehung in ganz neuem Licht gesehen und andere interessante Ebenen des Lebens überhaupt erst wahrgenommen. Es ist als würde sich nach einem solchen Entwicklungsschritt in die vierte Phase auch die Wahrnehmung weiten.

Die dritte Phase ist wie das Aufkommen einer lange zurückgehaltenen Kraft, ein Energieschub, der die Gestaltung des „neuen Lebens“ erst möglich macht. Diese Energie kann gewaltig erscheinen und sie entsteht aus der Notwendigkeit und der Annahme der sich reibenden Kräfte. Die Kraft eines Kindes im Mutterleib drängt nach draußen, gegen die Enge der Gebärmutterwände und des Geburtskanals in die Freiheit hinaus. Ist der Durchbruch gelungen und die Nabelschnur durchtrennt, wird es wieder ruhiger. Das Kind beginnt selbständig ein- und auszuatmen. Wenn es an die Brust der Mutter gelegt wird, fühlt es sich geborgen und ist dennoch frei. Der Kampf ist vorbei. Die Welt, in der es jetzt lebt, ist sehr viel größer und weiter als der Raum des Bauches, in dem es sich zuvor befand.

Nach durchlebten Krisen beschreiben Menschen ihre Empfindungen ähnlich. Das enge Bewusstsein der Depression, das mit Gedanken verbunden ist wie „Es hat keinen Sinn, ich kann und will nicht mehr, mir fehlt jegliche Kraft“, verändert sich. Das Denken wird offener, Ideen tauchen auf, die Wahrnehmung weitet sich. Manchen scheint es, als sei eine Wand, die sich zwischen ihnen und den anderen Menschen und der Welt befunden hat, verschwunden. „Ich bin wieder da“ ist das primäre Gefühl. Sie haben das dunkle Loch der Leere verlassen und fühlen sich nicht mehr wie außerhalb, sondern in der Welt und an ihr teilhabend. Um dahin zu gelangen, muss der Kampf ausgefochten werden, der innere Kampf oder der äußere. Spannungen, Konflikte und Kräftemessen gehören zum Prozess des Wachstums. Dann erst wird die vierte Phase möglich, das Erleben der Ruhe und des Friedens, des Gelöstseins und des Staunens über all die neuen Erfahrungen. Eine gelungene Entwicklung, die durch all die vier Phasen hindurch geschieht, ist immer eine Entwicklung hin zu Freiheit und Teilhabe, eine Entwicklung in eine größere und eigenständige Dimension. Aggression ist ein dazugehöriger Teil dieses Prozesses, nicht mehr und nicht weniger.

2. Wut in der kindlichen Entwicklung

Erste Schritte in die Unabhängigkeit

Die im vorigen Kapitel beschriebenen Entwicklungsphasen kommen immer wieder vor, schaut man sich das weitere Leben eines Kindes an. Wenn ein Säugling krabbeln lernt, geschieht das häufig über einen Zeitraum der Frustration und des „Gequengels". Viele Mütter beschreiben einen nervenaufreibenden und anstrengenden Zeitraum, in dem ein Kind das, was es ersehnt, berühren und anfassen will, aus eigener Kraft heraus noch nicht erreicht. Es kann vieles schon sehen, aber weiß sich nicht so recht fortzubewegen und schreit und weint. Dieser Schritt ist sicher ein Übergang von der zweiten zur dritten Phase. Je nach Verhalten von Mutter und Kind gestaltet sich der Zeitraum der zweiten Phase länger oder kürzer. Der natürlich auftretende Spannungszustand der Unzufriedenheit mit dem, was ist, kann sich in verschiedener Konstellation ausleben. Manche Kinder machen diesen Entwicklungsschritt mehr oder weniger allein durch. Die zunehmende Frustration, das sie etwas Interessantes nicht erreichen können, lässt sie dann auf natürliche Weise die Kraft entwickeln, sich vorwärts zu bewegen. Solange das Kind im Zustand des „Nichts geht vorwärts" zwischen Hoffnungslosigkeit und Motivation hin und her schwankt, kann der Durchbruch nicht gelingen. Man kann beobachten, dass Kinder in dieser Zeit sozusagen die zu erlernende Krabbelfähigkeit in kleinen Teilen einüben. Sie bewegen und trainieren die richtigen Muskeln und erlernen durch viele Versuche, in Bewegung zu kommen, nach und nach neue Bewegungsmöglichkeiten. Irgendwann geschieht der Durchbruch und die Krabbelbewegung wird zielgerichtet ausgeführt.

Eine neue Erlebensdimension und Freiheit tut sich für das Kind auf. Es gelangt in eine nächste Entwicklungsphase.

Reagiert eine Mutter in einer Phase der Frustration zu schnell und gibt dem Kind zu häufig und zu schnell das ersehnte Spielzeug, verlagert sich der Konflikt vielleicht mehr auf die Beziehungsebene. Die Mutter hat viel zu tun. Das Kind wird eher seine Kraft dahinein setzen, die Aufmerksamkeit der Mutter zu erlangen, als selbst in Bewegung zu kommen. Bis es dann den Zeitpunkt gibt, wo die Mutter dieses Spiel ihrerseits nicht mehr mitspielt. Vielleicht wird sie ärgerlich oder spürt ihre Erschöpfung in ihrem Bemühen, ihr Kind zufrieden zu stellen. Der Konflikt zwischen Mutter und Kind ist irgendwann unausweichlich. Unterlässt eine Mutter ihre Hilfestellung allerdings zu früh, wenn das Kind noch gar nicht die Fähigkeit haben kann, in eine Krabbelbewegung hineinzuwachsen, kann die Verweigerung der Unterstützung auch zu einer so hohen Frustration auf der psychischen Ebene führen, dass das Kind völlig die Lust verliert, sich zu bewegen und an der Welt teilzunehmen. Verweigert eine Mutter ihr Interesse an den Bedürfnissen ihres Kindes zum Beispiel auf vernachlässigende Weise, kann sich die zweite Phase dadurch verlängern.

Mutter und Kind sind hier eine Art System, das sich den natürlichen Prozessen anpassen sollte, und die Mutter braucht eine gesunde Wahrnehmung und ein gesundes Interesse an ihrem Kind und seinen wachsenden, neuen Fähigkeiten.

Dennoch gibt es auf jeden Fall einen unausweichlichen Konflikt, der sich entweder mehr im Inneren des Kindes oder mehr in der Beziehung zwischen Mutter und Kind oder mehr im Innern der Mutter abspielen kann. Dies geschieht dann, wenn die Mutter zum Beispiel dem Kind immer wieder das Ersehnte gibt, aber innerlich mehr und mehr Gefühle des Ärgers, der Wut und der Überforderung empfindet, ohne diese auszudrücken, aus Pflichtgefühl und um das Kind zu schonen. Damit gerät sie aber in einen inneren eigenen Konflikt, der weder dem Kind noch ihr selbst dient. Die zweite Phase zieht sich womöglich in die Länge und eskaliert dann auf eigene Art.

Jede Mutter, die diese Herausforderung annimmt, den frustrierten Zustand ihres Kindes auch auszuhalten, erlebt mit, wie sich das Kind zwar mehr und mehr ärgert, vielleicht wirklich zornig und wütend wird, aber dennoch mehr und mehr seine Kräfte sammelt und aus dem unbeweglichen Zustand in einen beweglichen kommt.

Nur die Frustration über den Stillstand und die Wut über das Nichterreichen des begehrten Gegenstandes ermöglicht diesen neuen Lernschritt. Je nachdem, wie wir selbst diesen Lernschritt erlebt haben, bildet sich hier schon ein erstes Muster aus, wie wir mit Schwierigkeiten umgehen, auch im späteren Leben. Der Grad unseres Selbstbewusstseins wie auch unser Erlernen des Umgangs mit Konflikten entwickelt sich aus diesen Prozessen. Dabei entstehen in unserer eigenen Psyche solche Bewältigungsmuster, die mit der Art, wie unsere Bezugsperson über diese Phase hinweg mit uns in Beziehung tritt, übereinstimmen. Es bilden sich die Grundlagen für unseren späteren Umgang mit Frustration und Enttäuschungen. Hier keimen die Grundlagen für unseren Umgang mit eigenen Wünschen, mit Bedürfnissen und mit Wut und Ärger. Auf der Ebene des Krabbeln-Lernens ist das ähnlich wie auf der Ebene des Laufen-Lernens. Ein Mitgehen mit den natürlichen Entwicklungszyklen ist da noch der beste Ratgeber.

Aber Konflikte sollten nicht ausgespart werden, und es ist gut, sie da zuzulassen und auszutragen, wo sie hingehören. Dass Konflikte nicht vermieden, sondern bejaht werden sollten, wird besonders deutlich, wenn man sich die weitere psychische Entwicklung eines Kindes ansieht.

Ganz gleich, wie gut im Sinne der Gesamtentwicklung die Kommunikation zwischen Mutter und Kind funktioniert, wie klar und differenziert die Mutter die Bedürfnisse und die Fähigkeiten des Kindes wahrnimmt und im rechten Maß erfüllt, es kommt die Zeit, da gehen die Wünsche von Mutter und Kind auseinander. Der Wille des Kindes taucht mehr und mehr auf, je freier es sich in der ersten Zeit entfalten durfte, und es versucht seine Wünsche durchzusetzen. Es fängt an, zu verstehen und zu erleben, dass die Mutter und es selbst nicht eins sind und dass es einen eigenen Willen hat, der unabhängig ist von der Mutter. Dieser Konflikt ist sozusagen vorprogrammiert und natürlich, denn um zur Eigenständigkeit und zu einem eigenen Leben zu gelangen, müssen diese Entwicklungsschritte durchlebt werden.

Einige Beispiele:

- Die Mutter will um 18 Uhr abends vom Spielplatz nach Hause, vielleicht um das Abendessen zu bereiten, das Kind will auf dem Spielplatz bleiben.
- Die Mutter ruft zum Schlafengehen, das Kind will wach bleiben.
- Die Mutter will einkaufen gehen, das Kind hat ganz andere Bedürfnisse.

In der so genannten Trotzphase kann man herrliche Szenen in Supermärkten erleben. Schreiende und wutentbrannte Kinder toben in den Einkaufsgängen, und die Mütter versuchen mehr oder weniger erfolgreich, diese Wildheit ihrer Kinder zu bändigen. „Ich will das aber“ oder „Ich will das nicht“ ist auf einen Nenner gebracht das Thema dieser Zeit. Die Kraft, die manche Kinder in diesem Alter nach außen bringen, ist erstaunlich, je nach dem, wie sie in ihrem eigenen Ausdruck vorher gelassen oder behindert wurden.

In einem Klima, in dem die Erziehenden der festen Überzeugung sind, der Wille eines Kindes müsse gebrochen werden, wird es für diese aufkommende Kraft wenig Raum geben. Entwertende Aussagen wie „So etwas tut man nicht, das tun nur die Dummen“ oder „Wenn du so böse bist, hat Mama dich nicht mehr lieb“ oder „Dann müssen wir dich in ein Heim bringen, wenn du so böse bist“ können Kinder in große Nöte bringen, und die Entwicklung des eigenen Selbstbewusstseins, das immer auch das Bewusstsein der eigenen Kraft einschließt, die durch uns quasi hindurchfließt, wird dann blockiert. Wenige Eltern zeigen deutlich ihre Freude über diese aufkommende Kraft. Stellen wir uns einmal vor, unsere Mutter hätte in einem solchen Moment des Machtkampfes mit uns gesagt: „Ich bin begeistert, wie kräftig und laut du deine Wünsche vorbringst und wie stark du geworden bist. Ein solches willensstarkes Kind hatte ich mir immer gewünscht. Zwar müssen wir jetzt tun, was ich aus bestimmten Gründen entschieden habe, aber ich freue mich sehr über dich“, wir hätten ein ganz anderes Verhältnis zu unserer Aggression bekommen. Nicht unsere Gefühle wären dann schlecht, son-dern unsere Kraft wäre an Grenzen gestoßen. Dies hätte uns ein ganz anderes Lebensgefühl verliehen. Wir hätten uns als Kind in unserer Stärke und in unserem eigenen Willen nicht abgelehnt fühlen müssen.

Viele Eltern sind jedoch in solchen Momenten verärgert über diesen neuen Entwicklungsschritt oder haben Angst vor der „wild gewordenen“ Kraft ihrer Kinder, schämen sich vor den Nachbarn, je nach eigenen Wertvorstellungen und eigener Erziehung.

Die Fähigkeit, einem Kind seine Wertschätzung über dessen Willen und Kraft deutlich zu machen und dennoch in Klarheit Grenzen zu setzen, haben viele Eltern nicht gelernt, weil sie es in der eigenen Erziehung selbst nicht erlebt haben. Wut, Ärger und Aggression werden als das Böse im Kind dargestellt, das es zu bändigen gilt. Die Unfähigkeit der Erwachsenen, mit solcher Kraft auf gute Weise umzugehen, hinterlässt bei den meisten Kindern schon früh das Gefühl, dass sie so, wie sie sind – wenn sie eigenen Willen, eigene Wünsche und eigene Kraft zur Durchsetzung spüren – nicht in Ordnung sind. Manchmal reicht zur Unterdrückung dieser Kräfte auch das aggressionsfeindliche und konfliktfeindliche Klima einer Familie, in der die Erwachsenen sich ihre eigenen Gefühle der Wut nicht erlauben oder sie aus moralischen Gründen verteufeln. Aber gerade in dieser Abwehr liegt die Gewalt, die sich zwingend blockierend und hinderlich auf die Entwicklung der Kinder auswirkt.

Kinder lieben in der Regel ihre Eltern sehr und wollen von diesen auch geliebt werden. Daneben sind sie auch abhängig von ihnen und versuchen, so gut es geht, sich den Wünschen der Eltern anzupassen. Wenn wir als Kind die Erfahrung gemacht haben, dass unsere Mutter traurig, hilflos oder überfordert ist, aus welchen Gründen auch immer, versuchen wir vielleicht, unsere aufkommenden Impulse von Kraft und Eigenmacht zu unterdrücken, um es ihr nicht noch schwerer zu machen.

Kinder von erkrankten und schwach wirkenden Elternteilen fühlen sich oft schon von frühester Kindheit an verantwortlich für ihre Eltern, in der Hoffnung, wenn sie sich nur gut genug um diese kümmern und sie schonen, könnten sie die Liebe ihrer Eltern erlangen und hätten dann doch eines Tages Eltern, die sich um sie selbst gut kümmern. Meistens erfüllt sich dieser Traum nicht, denn die Eltern werten ihren Erziehungsstil als erfolgreich und merken nicht, dass sie sich selbst und ihre Kinder um einen wesentlichen Teil lebendigen Lebens betrügen. Viele erwachsene Co-Abhängige lernen schon früh, sich um die Eltern zu kümmern, statt eigene Bedürfnisse und Wünsche zu benennen, und ernten dafür vielleicht sogar Lob und Anerkennung. Damit aber ist der Grundstein gelegt, sich selbst zu verleugnen und die eigenen Gefühle nicht zu achten. Ein Wohlgefühl über Erfahrungen der Macht („Ich kann Mama glücklich machen" oder „Ich kann Papa vom Trinken abhalten") und das Lob für die Fürsorge wird zum Ersatzgefühl für die eigentlichen kindlichen Bedürfnisse nach Liebe, Anerkennung und Fürsorge. Solche Kinder mussten oft schnell erwachsen werden und waren meistens emotional sehr allein, wenn sie selbst gelitten haben und in Schwierigkeiten geraten sind.

Manche Eltern machen den Eindruck, dass sie aggressives Verhalten auf keinen Fall dulden, was wir schon allein über ihre Blicke erkennen. Und wir verhalten uns dementsprechend.

Wir fangen an, unsere eigenen Wutgefühle zu fürchten, weil sie uns von der Liebe und Fürsorge unserer Eltern entfernen. Wir suchen Mittel und Wege, sie entweder nicht wahrzunehmen oder sie umzuleiten. Wenn dann Wutgefühle auftauchen, fühlen wir uns nicht gewollt, sie scheinen schlecht, und damit sind ja auch wir nicht gewollt und schlecht. Wir verlieren mit diesen Gefühlen in unserem kindlichen Bewusstsein die Hoffnung auf Fürsorge und Liebe. Viele Erwachsene versagen sich auch später noch solche Gefühle mit der Begründung: Ich will den anderen ja nicht verletzen, und wenn ich dann so ärgerlich werde, hab ich auch nichts davon, weil der andere sauer auf mich wird. Diese Überzeugung entsteht oft schon sehr früh, wenn Kinder sich für das Leben der Erwachsenen verantwortlich fühlen müssen, weil diese für sich und ihre Kinder nicht wirklich Verantwortung übernehmen. Viele Kinder gewöhnen sich ihre

Gefühle der Wut schnell ab, weil sie Angst haben, die Eltern zu verlieren, oder weil sie Angst haben vor Strafe und Züchtigung. Je nachdem, wie die Eltern mit der aufkommenden Kraft des Kindes umgehen, hinterlassen die Gründe für die Verleugnung oder Verdrängung der Aggression Spuren in unserem Nervensystem und unserem Körper. Die Hemmungen, die wir als Kinder hatten, Aggression auszudrücken, hindern uns oft auch noch im Erwachsenenalter, unsere Konflikte erfolgreich auszutragen.

In meinen Seminaren zum Thema „Umgang mit Aggression und Gewalt" mit Menschen in sozialen und helfenden Berufen tauchen diese Ängste dann oft wieder auf und werden ins Bewusstsein gehoben. Erwachsene erinnern sich, dass sie als Kinder Angst hatten, von der Familie wegzumüssen, oder dass sie fürchteten, ein Elternteil könne krank werden oder sterben, wenn sie laut und „böse" wären. Alte Ängste werden wieder wach, sie selbst oder vielleicht die Mutter könne geschlagen werden, oder die Eltern, die sich sowieso so oft streiten, trennen sich und sie verlieren sie auf jeden Fall, wenn sie nicht zur Deeskalation beitragen und eigene Gefühle unterdrücken. Diese alten Ängste blockieren dann spürbar auch bei aktuellen Konflikten die Wahrnehmung der eigenen Gefühle oder deren Ausdruck.

Pubertät

Sehr bedeutend für die Entwicklung in die eigene Kraft hinein ist die Pubertät. Selbst wenn in den Phasen zuvor vieles eher ungünstig verlaufen ist, bietet die Zeit der Pubertät eine Art Regulativ. Nichtgelerntes kann hier nachgeholt werden, ausgeformte Verhaltensmuster werden noch einmal aufgebrochen und können sich verändern. Als Jugendlicher werden wir sowohl körperlich-hormonell, als auch, was die neuen Anforderungen und Lebensmöglichkeiten betrifft, noch einmal durchgerüttelt. Es fühlt sich häufig so an, als würde nichts mehr stimmen; Unzufriedenheiten mit sich selbst, Zweifel an sich und der Welt in Verbindung mit neu aufbrechenden Kräften, die gar nicht so leicht zu steuern sind, bringen zunächst Chaos ins eigene Leben. Die Pubertät ist ein deutlicher Aufruf zur Eigenständigkeit und zur Autonomie. Der Kampf muss ausgefochten werden, damit ein Kind erwachsen werden kann.

Die Auseinandersetzungen zwischen Eltern und ihren heranwachsenden Jugendlichen können sehr heftig ausfallen. Auffälligerweise haben oft die Menschen, die wenig Zugang zu ihrer Aggression haben, diese Zeit der Pubertät auch nicht als Kampf erlebt: „Bei mir gab es das nicht." „Ich hab mich immer gut mit meinen Eltern verstanden." „Ich war eigentlich immer lieb und käme auch nicht im Entferntesten darauf, meinen Eltern Vorwürfe zu machen." Solche Äußerungen werden häufig gemacht. Für die Erprobung der eigenen Kraft und der Eigen-Macht gab es in diesen Familien nicht den Raum und nicht die Gelegenheit.

Um die eigene Kraft zu spüren, ist es notwendig, ein Gegenüber zu haben, mit dem Reibung möglich ist. Ohne auf einen Widerstand zu treffen, kann ich meine Kraft nicht wirklich fühlen und bewusst wahrnehmen. Sie fällt dann ins Leere und hinterlässt Ohnmacht und Orientierungslosigkeit. Für jeden Pubertierenden ist es das Beste, Eltern vor sich zu haben, die *da* bleiben, die sich auch mit ihrer Kraft zeigen können, ohne verletzend und demütigend zu werden, die sich der Auseinandersetzung stellen und sie nicht vermeiden. Eltern, die zurückweichen, die unangemessen harmonisierend reagieren, lassen ihre Kinder mit der neu aufflammenden

Kraft allein. Würden sie ihre eigene Kraft zur Verfügung stellen, gäben sie den Heranwachsenden Halt, Orientierung und die Möglichkeit, Konfliktlösungen einzuüben. Sie gäben den Jugendlichen die Erfahrung der eigenen Kraft, und das würde diese stärken und unabhängig machen. Diejenigen, die dies nicht erleben durften, haben es oft schwer, im Leben einen eigenen Standpunkt zu finden. Sie schwanken bei allen Entscheidungen hin und her und fühlen sich manchmal bis ins hohe Alter abhängig von den Eltern oder anderen Autoritätspersonen. Sie erleben sich nicht wirklich wirksam in eigener Sache. Das kann soweit führen, dass sie als 50- oder 60-jährige erst schmerzlich wahrnehmen, dass sie gar nicht wirklich ihr eigenes Leben gelebt haben, sondern eher für andere und deren Wünsche, sozusagen an sich selbst vorbei.

Ärger, Wut und Aggression scheinen nicht nur wichtige Bausteine im Entwicklungsprozess von Menschen zu sein, sondern sind auch Gefühle, die es ermöglichen, die Welt und die Ausrichtung der eigenen Person in ihr zu begreifen.

3. Macht und Ohnmacht

Gewalt in der Familie

Die familiäre Atmosphäre und der Umgang mit Kraft, Wut, Ärger und Aggression spielt eine große Rolle für unser Empfinden von Macht und Ohnmacht. Der Grad der Angst, die wir entwickelt haben vor unseren eigenen Gefühlen und der Reaktion unserer Eltern, bestimmt im weiteren Verlauf des Lebens auch unser Empfinden von der Macht, die wir haben, unser eigenes Leben und unsere Beziehungen zu gestalten oder abhängig zu sein von den Umständen und den Reaktionen der anderen. Wenn Kinder misshandelt oder geschlagen werden, ist die Angst oft sehr existenziell und so groß, dass sich diese Menschen auch als Erwachsene oft nicht trauen, Konflikte anzugehen oder ihren Ärger zu benennen. Oft spüren sie diesen nicht einmal, weil sie als Kinder vor lauter Einschüchterung schnell gelernt haben, solche Empfindungen im Keim zu ersticken.

Wenn der Ausdruck der eigenen Wut zur Folge haben konnte, das ich selbst zusammengeschlagen werde, was nicht nur körperlichen Schmerz, Angst und Panik hervorrufen kann, sondern auch eine psychische Demütigung und Ablehnung ist, versuche ich ganz natürlich, dies zu verhindern, um zu überleben. Die Angst kann so bedrohlich sein, dass sie existenziell wird. Geschlagene Kinder fühlen sich oft zum Sterben elend und erleben sich nah am Tod. Die Strategien der Verdrängung, die von misshandelten Kindern entwickelt werden, sind in dieser Situation deshalb durchaus sinnvoll, denn sie dienen dem Überleben.

Das Schwierige ist, dass diese Mechanismen auch dann bleiben und zum eigenen Gefängnis werden, wenn die Gefahrensituation vielleicht viele Jahre später vorbei ist. Die Angst sitzt dann sozusagen in den Knochen und beeinflusst jede Situation im Erwachsenenleben, die nach Konflikten aussieht. Taucht ein Gefühl von Wut auf, handeln Kinder in solch belasteten Familien sozusagen immer deeskalierend. Sie laufen vielleicht zum gewalttätigen Elternteil und geben ihm einen Kuss oder sagen zum Beispiel: „Ich hab dich lieb", um ihn zu besänftigen. Dies führt unter Umständen zu einem Muster, durch das jemand genau das Gegenteil von dem tut, wonach ihm zumute wäre in einer bedrohlich erscheinenden Situation. Er fühlt zum Beispiel Wut und gibt stattdessen freundliche Zuwendung. Als Erwachsener ist man dann oft gerade zu den Menschen freundlich, die man nicht mag, auf die man ärgerlich ist, vor denen man Angst hat. Ein Mensch mit einem solchen Verhaltensmuster wird so immer wieder aufs Neue zum Opfer von anderen, weil er nicht wirklich authentisch und ehrlich wirkt. Leicht wird er wieder Opfer von Aggressionen anderer, die ihn zwangsläufig missverstehen. Oder jemand verhält sich besonders korrekt und leise, um möglichen Konflikten, vor denen er verständlicherweise Angst hat, vorzubeugen, was zu einem Charakterzug wird, den er mit ins Erwachsenleben nimmt, so aber seine emotionale Einsamkeit zementiert und mit seinem tief liegenden Zorn über das ihm geschehene Unrecht allein bleibt. Diese Gefühle werden in den meisten Fällen auch gar nicht mehr wahrgenommen. Was sich herausbildet, sind häufig eher Gefühle von Ohnmacht, von Chancenlosigkeit und Kraftlosigkeit, die bis in eine Depression führen können. Die Kraft gefriert zu einer Resignation, in der nur noch die Hoffnungslosigkeit gespürt wird und die Verweigerung der einzige Weg ist, sich zu behaupten. Gerade dieser Mechanismus wird dann aber von anderen als Aggression verstanden, obwohl der sich hoffnungslos Fühlende sie gar nicht wahrnimmt. Neue Konflikte werden heraufbeschworen, die Angst steigt und der Teufelskreis beginnt. Der Rückzug und die Enttäuschung führen in die Einsamkeit, in die Sucht oder manchmal auch in den Suizid. Die Aggression wird dann eher gegen sich selbst als nach außen gerichtet.

Je größer die Angst als Kind, je erfolgreicher die Verleugnungsstrategie, desto schwerwiegender die Probleme und die daraus resultierenden Depressionen. Körperliche und seelische Gewalt richten in der Seele eines Kindes immer einen Schaden an. Wird der Hintergrund nicht aufgearbeitet und die seelische Wunde nach und nach geheilt, ist die Integrität und Kraft der Betroffenen sehr beeinträchtigt.

Auswirkungen von sexuellem Missbrauch

Über sexuellen Missbrauch ist in den letzten Jahren viel geschrieben worden, nachdem dieses Thema lange Zeit vermieden und tabuisiert wurde. Menschen, die missbraucht worden sind, ganz gleich ob in emotionaler Weise oder körperlich, leistungsbezogen oder finanziell, tragen lange an solchen Erfahrungen. Je abhängiger sie in diesen missbräuchlichen Verhältnissen waren, desto mehr beeinflussen diese Erfahrungen ihre Denk-, Fühl- und Handlungsweisen. Missbräuchliche Erfahrungen prägen sich ein und bestimmen den Grad des Vertrauens, das der, der missbraucht und gebraucht wurde, empfinden kann. Sexueller Missbrauch eines Kindes ist ein sehr massiver Eingriff in die Seele eines jungen Menschen, der einen Riss hinterlässt, der nur schwer und mit viel Geduld zu heilen ist und die Betroffenen oft lang anhaltend beeinträchtigt in wesentlichen Lebensbereichen ihrer Beziehungen.

Ursula Wirtz nennt es „Seelenmord" und beschreibt die Auswirkungen sexuellen Missbrauchs in ihrem gleichnamigen Buch sehr deutlich und nachvollziehbar. Sexueller Missbrauch ist ein heftiger Angriff auf die Identität, und je weniger diese entwickelt wurde, desto schwerer ist es für die Betroffenen, ihre eigene Identität zu finden.

Stanislav Grof beschreibt sexuellen Missbrauch als die schwerste Form des Missbrauchs, weil er alle vier Ebenen des Lebens berührt, die emotionale, die körperliche, die spirituelle und die intellektuelle. Durch sexuellen Missbrauch werden alle Bereiche beeinträchtigt, weil ein Kind, dem dies widerfährt, diesen Akt traumatisch und wie in Trance erlebt und verarbeitet. Sexueller Missbrauch in der eigenen Ursprungsfamilie zerstört dem Kind die Orientierung vollends. Es weiß nicht mehr, ob derjenige, den es liebt, ihr Freund oder Feind ist. In den meisten Fällen sind es Mädchen, die sexuellen Missbrauch erleben, in diffusen Formen einer sexualisierten Atmosphäre, die wenig greifbar und durchschaubar und deshalb auch kaum auflösbar ist, bis hin zu allen Arten von sexuellen Praktiken, oral, genital und anal, mit sowohl zarten als auch gewalttätigen Handlungen.

Auch Jungen können betroffen sein und werden von Männern ebenso wie von Frauen missbraucht. Wenn die Täterinnen die eigenen Mütter sind, sind die Folgen für die Betroffenen oft lebenslang nicht auflösbar, weil sich häufig fürsorgliche, emotionale und sexuell körperliche Übergriffigkeit vermischt und den Jungen in einer Rolle als Mannersatz quasi erhöht. Ist ein solcher Junge erwachsen geworden, fällt es ihm dennoch schwer, sich aus dieser Rolle wieder zu lösen. Häufig fühlen sich die Opfer als Erwachsene in ein Leben als Retter von Frauen und als einfühlsame Versorger gedrängt und erleben sich darin gefangen. Sich nicht wieder gebrauchen und ausbeuten zu lassen, fällt ihnen sehr schwer.

Mädchen, die von ihrem eigenen Vater missbraucht werden, fallen mit ihm sozusagen in eine Art emotional durchtränkten Geheimbund, der sie von anderen Menschen trennt, von der Mutter, die sie dringend bräuchten, von den Geschwistern und übrigen Familienmitgliedern. Nicht selten entsteht eine Konkurrenz zur Mutter, die das eigene Drama noch verstärkt. Die Kinder sind wie in Trance mit ihrem Missbraucher verbunden und nehmen das, was er ihnen sagt, auch in einer Art hypnotischem Zustand auf. Drohungen wie „Du musst sterben, wenn du etwas sagst" oder Zuschreibungen wie „Du bist eine Hexe, deshalb muss ich das tun", „Du bist dreckig, hässlich, böse" oder „Du darfst niemanden so lieb haben wie mich" oder „Du hast mich verführt" werden in intensivierter Form aufgenommen und prägen sich wie Brandmale in die inneren Überzeugungen ein. Das Kind ist vollständig ausgeliefert und kann die Botschaften des Täters nicht korrigieren. Im Gegenteil, diese Sätze prägen das Selbstbild in ganz grundlegender Form. Die meisten Kinder glauben, selbst schuld zu sein an diesem Verhalten desjenigen, von dem sie geliebt werden wollen. In therapeutischen Sitzungen mit Frauen, die als Kind sexuellen Missbrauch erlebt haben, tauchen diese Sätze dann häufig auf. Dem zuvor gilt es fast immer eine tiefe Sprachlosigkeit zu überwinden. Die meisten werden still, halten sich die Hand vor den Mund, scheinen unfähig zu sein, Worte zu formulieren. Die Trance des Missbrauchs lähmt und verschließt. Im Inneren fühlen sich die Betroffenen einsam, schuldig und wertlos. Die Angst, wirklich gesehen zu werden, ist groß. Frauen, denen dies widerfahren ist, entwickeln oft einen Hass auf ihren Körper, weniger auf ihren Peiniger, vor allem, wenn es eine wichtige Person ihres Lebens ist. Da die betroffenen Mädchen durch den Verbund mit dem Täter den Kontakt zu den Menschen in ihrer Umgebung verlieren, werden sie gleichzeitig noch abhängiger vom Täter. Seine Worte, seine Taten sind Gesetz. Sie bestimmen das Leben eines solchen Kindes auch dann noch, wenn dieses erwachsen und der

Täter gestorben ist.

Sexuelle Missbrauchserfahrungen haben in ganz besonderem Ausmaß Auswirkungen auf das Empfinden und auf den Ausdruck aggressiver Gefühle. Zumeist sind diese Gefühle verständlicherweise sehr stark, können aber oft weder gefühlt noch geäußert werden. Oft können die Betroffenen starke Wut- und Hassgefühle, mit denen sie im Inneren kämpfen, auch gar nicht einordnen. Die häufig verdrängten Erlebnisse bestimmen das Leben der Betroffenen, ohne dass sie sich ihre Gefühle, Empfindungen und Gedanken erklären können. Wut auf den Täter wird kaum wahrgenommen, weil diese Wut als Kind nicht ausgelebt werden konnte, ohne Angst vor Vernichtung und Verlorensein. Viele Frauen mit missbräuchlichen Erfahrungen erleben sich in Sündenbockfunktionen. Das Gebraucht-Werden wird zur einzigen Identität.

Grenzen zu setzen, sich zu behaupten und eine befriedigende Balance von Distanz und Nähe in wichtigen Beziehungen zu halten, ist oft sehr schwer für Menschen mit einer solchen Lebensgeschichte. Eine therapeutische Aufarbeitung ist notwendig und sollte immer in einem geschützten Rahmen stattfinden. Auch diese Wunden können heilen, wenn sie offen gelegt werden können und dann gehalten, geachtet, betrauert und gesehen werden. Die Wiedererlangung des Vertrauens in die eigene Wahrheit, die eigenen Gefühle und auch in andere Menschen ist ein Weg, der gerade auch für Menschen mit missbräuchlichen Erfahrungen wesentlich ist.

Ganz gleich, von welcher Art die Situation war, in der wir aufgewachsen sind: Wenn es keinen offenen, klaren und konstruktiven Rahmen gab, in dem sich ein eigener Wille, eigene Kraft und auch die damit oft einhergehenden Gefühle von Ärger und Wut zeigen durften, haben wir Mechanismen und Verhaltensweisen entwickelt, mit diesem Dilemma umzugehen.

Eine immer beliebter werdende Strategie zur Bekämpfung der eigenen Gefühle ist zum Beispiel das Essen oder auch die Essensverweigerung. Jedes Mal, wenn ein aggressiver Impuls auftaucht, wird dieser mit der Aufnahme von Nahrung betäubt. Der Organismus ist beschäftigt. Das mulmige Gefühl im Magen beruhigt sich vorerst. Dies kann so zur Gewohnheit werden, dass es in eine Esssucht hineinführt. Essen wird zur Sucht, weil andere Lösungsstrategien bei Konflikten nicht da sind.

Auch viele an Bulimie erkrankte Jugendliche erbrechen ihre Wut in Form von zuviel aufgenommener Nahrung in die Toilette, anstatt die Konflikte mit Worten auszutragen und eigene Grenzen verbal und deutlich aufzuzeigen. Die Verweigerung von Nahrung kann das Wahrnehmen von Gefühlen oder auch die wirklichen Empfindungen verhindern, was unbewusst von den Hungernden auch bezweckt wird. Die Beschäftigung mit dem Essen und die Angst vor dem Zunehmen werden dann zum Ersatz für das, was gefühlt würde, könnte man es sich erlauben und wirklich zugestehen.

Auch jegliche andere Sucht- und Betäubungsmittel dienen nicht selten dazu, den eigenen Gefühlen zu entgehen. Handelt es sich dabei um Aggression, schwächt nicht nur die Verdrängung, sondern oft auch noch das Suchtmittel den Organismus zusätzlich. Der Wille zum Ausstieg aus der Sucht, ohnehin schon nicht sehr ausgeprägt, wird kleiner. Die Selbstachtung verschwindet oft ganz und damit auch mehr und mehr der Wunsch nach einem unabhängigen Leben. Die wirklichen Gefühle und Bedürfnisse werden nicht mehr wahrgenommen. Die verlorene Macht äußert sich in der Ohnmacht vor dem Suchtmittel.

In meiner therapeutischen Praxis begegne ich vielen Menschen mit sehr unterschiedlichen und eigenen Leidensgeschichten, die sie blockiert und unfähig gemacht haben, angemessen mit eigener und auch fremder Wut umzugehen. Diese persönlichen Erfahrungen lassen sich nicht kategorisieren. Jeder kann zum eigenen Verständnis seine eigene Geschichte anschauen. Dennoch sehe ich drei unterschiedliche Merkmale, die zum Verständnis der eigenen Muster dienlich sein können.

Die erste Gruppe von Menschen, die Probleme mit ihren Aggressionen haben, spürt diese Gefühle bei sich gar nicht. Menschen, die dieser Gruppe angehören, nehmen häufig Trauer wahr, aber keine Wut. Hier gehe ich in den meisten Fällen davon aus, dass es für diesen Personenkreis in der Kindheit lebensbedrohlich war, diese Gefühle wahrzunehmen, sei es aus Angst vor Gewalt oder Missbrauch oder aus der Angst heraus, jegliche Fürsorge und damit das Leben zu verlieren.

Die zweite Gruppe von Menschen spürt die Wut, kann sie aber nicht angemessen und zufrieden stellend äußern. Diese Gruppe neigt dann eher zu beziehungsschädigenden Ersatzhandlungen oder richtet die Wut gegen sich selbst in Form von Süchten und selbstzerstörerischen Handlungen.

Die dritte Gruppe entlädt periodisch ihre zurückgehaltene Wut in Zornesausbrüchen, weil sie lange Zeit ihren Ärger nicht ausdrücken konnte. Ärgernisse werden wie Rabattmarken im Gedächtnis gespeichert und „geklebt“, bis das Maß voll ist und irgendein Ereignis das Fass zum Überlaufen bringt. Diese Ausbrüche überfordern dann denjenigen, der sie erleiden muss, vollends. Er fühlt sich missbraucht und ungerecht behandelt. Diese Handlungsweise führt dann wieder mehr in Schuldgefühle hinein. Sie führt in die Bestätigung, dass es besser sei, Ärger zurückzuhalten, anstatt ihn auszudrücken. Sie führt zu einem erneuten Kampf gegen die eigenen Gefühle und wie im Teufelskreis in das Muster der Rabattmarken. Rabattmarkenkleber bekommen Angst vor ihrer eigenen Heftigkeit, entwickeln Ängste, dass sie sich nicht mehr unter Kontrolle haben könnten. Dadurch verlieren sie auch ihre Selbstachtung, versuchen sich selbst unter Druck zu setzen, wenn es nicht die anderen tun. Doch dieser Druck verstärkt das Dilemma der inneren Not und löst es nicht. Die Beziehungen leiden darunter – und damit auch der Rabattmarkenkleber.

Eine besondere Form, die sich oft auch bei Menschen einstellt, die als Kind in ihrer Familie keine angemessene Konfliktbewältigung kennen gelernt haben, ist die, die eigene Wut als Machtmittel zu missbrauchen. Das führt häufig zu massiven Schwierigkeiten in Beziehungen. Besonders dann, wenn Eltern den Konflikten eher ausgewichen sind, durch die Belange der Kinder überfordert waren, mussten diese ihren Zorn so erhöhen, bis sie Widerstand spüren konnten. Je mehr sie ins Leere fielen, desto stärker wurde ihr Zorn. Unter diesen Gefühlen verbergen sich oft tiefe Verzweiflung, Suche nach Grenzen und Orientierung. Wut ist zum einzigen Ausdrucksmittel für eigenes Leid geworden. Oft ist auch das Gefühl für das Maß der eigenen Wut und ihre Wirkung verloren gegangen. Dieser Personenkreis fühlt sich unverstanden und einsam. Er hat das Gefühl, sich ständig zu melden und doch nicht so gehört zu werden, wie er es bezweckt. Andere werden eher aggressiv, wehren sich gegen vermeintliche Forderungen oder verschließen sich, und der Betroffene bleibt mit dem Gefühl immer größer werdender Einsamkeit zurück. Wut und Ärger werden hier im großen Umfang gespürt und zum persönlichen Problem. Unzählige ungelöste Alltagskonflikte sind das Leidwesen dieses Personenkreises, ohne eine wirkliche Hoffnung auf Lösung. Die immer tiefere Resignation verstärkt sich trotz erhöhten Kampfpotentials mehr und mehr. Das Leid, das hinter diesem Weg steht, wird oft nicht sichtbar, ist aber immens.

4. Aggression und unser Körper

Unser Organismus ist in seiner Funktion ein Wunderwerk der Gestaltungsmöglichkeiten. Unser Körper hat seine eigene Weisheit, die uns schützt. Wenn wir seine Botschaften achten, können wir einen gesunden und heilsamen Lebensweg beschreiten. Im Hinblick auf die emotionalen Erfahrungen, die wir in unserem Leben machen, geschieht das auf folgende Weise:

Wir erleben unsere Gefühle zunächst einmal als körperliche Empfindungen. Diese sind verbunden mit Bildern und Gedanken, denen wir in der Regel mehr Aufmerksamkeit schenken als den dazugehörenden sinnlichen Wahrnehmungen. Frage ich in der Therapie Menschen, wo in ihrem Körper sie ihre Wut wahrnehmen, brauchen sie in der Regel einige Zeit, um dem nachzuspüren. Das Bewusstsein für den eigenen Körper ist vielen verloren gegangen. Das Leben findet statt in Gedankenkonstruktionen von Vergangenem und zukünftig Geplantem. Das eigentliche unmittelbare Leben geht an ihnen vorbei, ohne dass sie es wirklich gelebt hätten. Es tauchen mehr und mehr Gedanken von Sinnlosigkeit und Gefühle von Leere und Abstumpfung auf. Je weiter diese Abkopplung vom Körperbewusstsein vorangeschritten ist, desto gedrückter werden mit der Zeit die Stimmungen. Wenn die mit Emotionen verbundenen Empfindungen zum Beispiel in einer körpertherapeutischen Sitzung im Körper wieder wahrgenommen werden, entsteht ein Prozess, der es möglich macht, der eigenen Wahrheit wieder mehr auf die Spur zu kommen. Nicht die meist von anderen verordnete Bewertung einer Situation steht dann im Vordergrund, sondern die eigenen und persönlichen Empfindungen, Gefühle und Wahrnehmungen.

Aus deren Erleben kann dann langfristig auch wieder authentisches und für die jeweilige Person stimmiges Verhalten und Handeln möglich werden.

Eine 35-jährige Frau in meiner Praxis, die als Mutter von 3 Kindern und in ihrem Vollzeitberuf als Sozialpädagogin in eine tiefe Depression geraten war, konnte ihre Gefühle von Unlust und Lieblosigkeit ihren Kindern gegenüber und ihre Hoffnungslosigkeit nicht verstehen. Sie ging hart mit sich ins Gericht, denn, so führte sie aus, sie habe einen sehr liebevollen Mann, drei zufriedene Kinder, einen Beruf, der ihr sehr viel Spaß mache, und eine angenehme Wohnsituation auf einem Schwarzwaldhof, den sie sorgfältig zusammen mit ihrem Mann jahrelang renoviert hatte. Auf dem Hof lebte auch die eigene Mutter, der es psychisch allerdings nie gut gegangen sei und um die sie sich kümmere. Es wurde in ihren Erzählungen sehr schnell deutlich, dass sie unermüdlich mit der Versorgung anderer beschäftigt war, sich selbst aber überhaupt nicht im Blick und auch nicht im Gespür hatte. Sie schämte sich, wenn sie weinen musste, und versuchte ihre Traurigkeit immer wieder abzuwerten, zu banalisieren und zu verdrängen. Sie wolle anderen damit nicht auf die Nerven gehen, denn sie gelte in der Regel als lebenslustiger und hoffnungsvoller Mensch. Ihre inneren Empfindungen von Unwillen und Schmerz schienen ihr ungerecht und lästig. Sie wolle das loswerden und wieder wie früher sein.

Im Laufe unserer körpertherapeutischen Arbeit zeigte sich mehr und mehr, dass, wenn sie sich auf die Botschaften ihres Körpers einließ, eine ganz andere Wirklichkeit zum Vorschein kam. Mehr und mehr tauchten Trauer, Einsamkeitsgefühle und auch Wut auf. Mit diesen Gefühlen waren auch viele Erinnerungen verbunden an Situationen, in denen die Mutter unansprechbar und leidend den Zustand ihrer Ehe und ihr Schicksal beklagte, an dem ihre Tochter ihrer Version nach schuld war, denn ohne sie hätte sie nicht mit ihrem gewalttätigen Mann leben müssen. Hinzu kamen die Ängste der Klientin über die willkürlich auftauchenden cholerischen Anfälle des Vaters, die das damals kleine Kind in Panikzustände gebracht hatte. In Sorge um die Ausbrüche des Vaters und in Angst um den Verlust der Mutter, die immer wieder auch mit Selbstmord gedroht hatte, versuchte das Mädchen der Mutter alle Aufgaben abzunehmen und sich dem Vater gegenüber unauffällig zu benehmen, um ja keinen Streit heraufzubeschwören. Die Klientin erinnerte sich an eine Situation, in der ihre Mutter eine Überdosis Schlaftabletten eingenommen und der Vater das damals zehnjährige Mädchen geweckt hatte, um der Mutter zu helfen. Sie hatte im Krankenhaus angerufen und so das Leben der Mutter gerettet, während der stark alkoholisierte Vater nicht verantwortlich handeln konnte.

Ein Leben in ständiger Überforderung und ohne Unterstützung erschien der Klientin selbst bei diesen Erinnerungen noch wie selbstverständlich. Immer wieder versuchte sie, das Verhalten ihrer Eltern zu entschuldigen, erklärte es sich mit deren schwerer Kindheit und den schwierigen Umständen. Die eigene Wut auf die Eltern konnte sie sich erst sehr spät eingestehen, vor allem gegenüber ihrer Mutter, mit der sie auch im aktuellen Leben noch sehr verbunden war. Die eigene gefühlte Wahrnehmung ihrer Kindheit hatte sie vollständig verleugnet. Sie konnte sich auch nicht erinnern, als Kind geweint oder gewütet zu haben. Der Körper hatte all diese Gefühle gespeichert. Sie bestimmten, trotz einer angenehmen Lebenssituation im Erwachsenenalter, immer noch ihr aktuelles Innenleben.

Je mehr sie aber ihre eigenen Gefühle verstehen und in der Therapie auch leben durfte, umso mehr kam sie wieder zu Kräften und zu ganz neuen Einstellungen bezüglich der Situation ihres Lebens.

Dabei ging es nicht um Schuldzuweisungen gegen die Eltern, sondern um die Erlaubnis der eigenen, wirklichen Gefühle. Zum Schutz ihrer Eltern hatte diese Klientin schon als Kind ihre eigene Wahrheit geopfert und so das Gefühl für einen eigenen Wert gar nicht entwickeln können. Von Wert erschienen ihr nur ihre fürsorglichen Handlungen, die sie von klein auf erlernt hatte, immer in der Sorge, eine Katastrophe abzuwenden. So entwickelte sich auch ihre Grundeinstellung, dass ohne sie die Welt zusammenbrechen würde. Für eigene Bedürfnisse und Gefühle gab es in dieser Auffassung keinen Platz. Je mehr sie dann in der Therapie auch Wut und Zorn zulassen konnte, desto freier und entlasteter fühlte sie sich.

Wenn solche und andere Gefühle lange verdrängt wurden und in angeleiteten körpertherapeutischen Sitzungen wieder auftauchen, können sie sehr heftig sein. Denn der Körper bewahrt diese nicht ausgedrückten Emotionen quasi nervengesteuert muskulär als Erinnerungen, die wie gespeichert wirken. Die zurückgehaltenen Impulse, zu schreien, bleiben in der Muskulatur der Kiefer hängen und verursachen chronische Verspannungen durch permanent angespannte Muskeln in diesem Bereich. Der Tonus in den Kiefermuskeln erhöht sich und es kommt zu einer Daueranspannung, die als normal erlebt und auch als normaler Zustand im Nervensystem gespeichert wird. Die Anspannung ist dann nicht mehr im aktuellen Empfindungsbewusstsein. So versuchen Kinder, diese Gefühle zu unterdrücken. Sehr viel später kommt es dann unter Umständen zu nächtlichem Zähneknirschen. Der Körper möchte sich wenigstens im Schlaf entlasten. Hier melden sich dann die Regungen aus dem Unterbewusstsein und das Verdrängte, wenn der Körper im Schlaf muskulär nachgibt. Ähnlich ist es bei den Verspannungen in den Beinen, vor allem in den Oberschenkeln, wenn zorniges Aufstampfen mit den Beinen, das im Alter von drei Jahren ein natürlicher Ausdruck der Wut ist, zurückgehalten werden musste. Spannungen in den Armen und den Schultern, die im Ballen der Fäuste ein Ausdrucksmittel des Zorns gefunden hätten, können auch in diesem Bereich auf die beschriebene Problematik hinweisen.

Manche Menschen empfinden ihre Wut oft im Bauch. Andere, die unter dem Druck großer Ängste gestanden haben, wenn sie wütend wurden, erleben zunächst einmal Herzklopfen. Der Druck steigt in die Ohren oder den Kopf. Tinnitus oder Migräne sind zunehmende Leiden und Beschwerden bei Menschen, die Probleme haben, ihre Wut angemessen auszudrücken. Ganz gleich, welchen Weg der Körper sich sucht – die schwierige Situation zu meistern, das ist je nach Wesensart und Lebensatmosphäre unterschiedlich. Die Wahrnehmung des eigenen Körpers ist immer ein guter Ratgeber, zu sich und seiner Wahrheit und damit auch in die eigene Kraft wieder Vertrauen zu gewinnen. Dann kann das eigene Leben auch wieder leichter bewältigt werden.

In aktuellen Situationen des Ärgers und der Wut zeigt sich häufig ein Problem. Der Körper unterscheidet nicht in den Zeiten. Das was spürbar wird, ist immer unmittelbar gegenwärtig. Deshalb führt auch oft ein scheinbar kleiner Anlass zu heftigen Wutgefühlen. Denn mit dem Ärger über den gegebenen Anlass tauchen auch all die nicht ausgedrückten Gefühle aus vergangenen Situationen mit ganz ähnlichen Reizen wieder auf. Die Möglichkeit, sich angemessen zur aktuellen Situation zu äußern, ist dann blockiert, was vielleicht zur nächsten Unterdrückung führt. So setzt sich das Dilemma des Rabattmarkenklebens fort und die aufgestauten Gefühle gesellen sich zum brodelnden Kochtopf im Innern des Körpers. So jedenfalls beschreiben manche Personen symbolisch ihren Zustand oder zeigen ihn in gemalten Bildern, die ihre Wut ausdrücken sollen. Der Zustand des Körpers kann dann in Hochspannung geraten, die Empfindungen sind dem eines Pulverfasses ähnlich oder eines Vulkans kurz vor dem Ausbruch. Es müssen enorme Kräfte aufgewandt werden, dieses Aufkommen einer kraftvollen Welle zu unterdrücken, was den Organismus schwächt und eine sinnvolle Handlung oder Äußerung unmöglich werden lässt. Die Aufarbeitung der zugrunde liegenden Gefühle ist deshalb für Menschen, die sich in solch schwierigen inneren Situationen befinden, wesentlich.

5. Die Weisheit des Lebens

Im Grunde kann man es so beschreiben: Das Leben selbst will uns in die Freiheit führen. Unser Bewusstseinsraum enthält alles, was es zu bewältigen gilt. Gleichzeitig enthält es auch alles, was es braucht, um es zu bewältigen. Was uns begegnet, gehört sozusagen zu uns und bietet uns eine Gelegenheit, darauf zu antworten, damit zu leben oder im besten Falle einfach damit zu sein. Das Leben selbst bietet uns jeden Tag wieder neue Chancen, auch zuvor nicht Bewältigtes nachzuholen und zu bewältigen, um immer freier zu werden. Das Leben bietet uns immer wieder die Chance zur Entwicklung.

Nicht immer sind wir uns dessen bewusst. Oft erscheint uns das Leben mühsam und anstrengend. Wir erleben viele Probleme als unnötig, ungerecht oder werden ärgerlich über die, die sie in unseren Augen verursacht haben. Wir glauben, dass wir mit dem, was uns im Leben begegnet, nicht wirklich etwas zu tun haben, vor allem wenn es unangenehme oder schmerzhafte Gefühle betrifft. Die wollen wir vermeiden oder sie am besten übersehen. Aber gerade diese Gefühle gehören zum Leben und werden in der Regel erst dadurch richtig schmerzhaft, dass wir sie abwehren und nicht wahrhaben wollen. Nähmen wir sie einfach so, wie sie kommen und gehen, könnte das Leben leichter, weniger anstrengend und lebendiger sein. Dem Schmerz ist nicht auszuweichen, aber die Leidenszeit kann wesentlich verkürzt werden, wenn wir uns und dem, was uns begegnet, freundlicher und liebevoller begegnen.

Das Leben ruft uns immer wieder dazu auf! Und das geschieht in einer sehr einfachen Weise, die jeder, der sich und seine Alltagsereignisse bewusst erlebt, auch kennt. Es gibt Situationen, in die geraten wir immer und immer wieder, obwohl wir gerade diese Situationen vermeiden wollen. Manche Frauen berichten, dass sie immer wieder verlassen werden, obwohl sie doch so bemüht waren, in einer neuen Partnerschaft nicht wieder die gleichen Fehler zu machen wie vorher. Andere haben immer wieder das Gefühl, von Menschen in ihrer Umgebung eingeengt zu werden, ganz gleich ob im Arbeitsbereich oder in nahen Beziehungen.

Viele Menschen geraten immer wieder an jemanden, der Suchtprobleme hat. Andere fühlen sich immer wieder ausgenutzt, wenn sie eine Beziehung eingehen, trotz ihrer unermüdlichen Bemühungen für andere. Es scheint, als liefen manche lästigen Probleme hinter uns her. Wir versuchen sie abzuschütteln, ihnen davonzulaufen oder sie zu leugnen. Oder wir leiden und halten diese Probleme für nicht lösbar und geben uns keine Chance. Empfindungen, Gefühle und Gedanken scheinen sich zu wiederholen.

Manchmal nehmen wir es bewusst wahr und stellen uns die Frage, warum uns schon wieder so etwas passiert. Manchmal bleiben die Ähnlichkeiten jedoch auch unserem Blick verborgen, und es wird nötig, dass uns jemand darauf aufmerksam macht. In Therapien und Seminaren höre ich immer wieder ganz verblüffende Ähnlichkeiten aus dem Erleben in der Herkunftsfamilie und den aktuellen Konflikten. In dieser Weise sorgt das Leben gut für uns. Es will uns immer wieder eine neue Möglichkeit geben, wach zu werden für das, was uns blockiert, wach zu werden für uns selbst, unsere wirklichen Bedürfnisse und unsere eigenen Themen.

Wenn wir zum Beispiel als Kind unsere Gefühle der Wut und des

Ärgers nicht gezeigt haben und uns statt dessen angestrengt und bemüht haben, alles gut und richtig zu machen, treffen wir womöglich auf einen Lebenspartner, einen Chef oder einen Kollegen, mit dem sich die seit Kindertagen ungelösten Konflikte wiederholen. Wir strengen uns an und haben dennoch das Gefühl, es ist vergeblich. Wir sind enttäuscht, wenn unsere Bemühungen nicht anerkannt werden, und geraten immer mehr in Ärger, nicht ohne – wie damals – unsere Anstrengungen zu erhöhen. Gerade wenn Problemsituationen mit ranghöheren Kollegen oder Autoritätspersonen auftauchen, aktualisieren sich die ungelösten Konflikte mit Eltern, die in frühen Jahren als die Ranghöheren und Mächtigeren erlebt wurden. Das ist uns oft gar nicht bewusst. Die Empfindungen der Kindheit liegen weit zurück und der aktuelle Konflikt kann sich so zuspitzen, dass wir an fast nichts anderes denken. Unser Leben ist so davon beeinträchtigt, dass wir nicht mehr schlafen können. Unter Umständen sind wir voller Wut und wissen nicht wohin damit, stehen wir doch unter dem Druck, nichts falsch zu machen und uns nicht bloßzustellen. Wir erleben allerdings im schlechten Fall weniger unsere Gefühle als vielmehr das Kreisen unserer Gedanken um immer und immer wieder die gleichen Szenen und Geschichten. Wir sehen uns einem Menschen gegenüber, der uns zum Feind wird, der uns, so scheint es uns, das Leben schwer macht. Wir halten ihn für böser, intriganter, unehrlicher und aggressiver als andere. Wir glauben, ohne diesen Menschen sei das Leben leichter und besser. Manchmal bringt dann auch ein Kontaktabbruch eine kurze Erleichterung. Doch ohne wirkliche Lösung des Grundkonfliktes ist die nächste ähnlich erscheinende Situation nicht weit.

In der therapeutischen Situation wird oft deutlich, dass es gerade diese unangenehmen Gefühle sind, die unser Alltagsfeind in uns wach ruft, die erlöst und bewältigt sein wollen und nach Ausdruck verlangen. Es sind oft die Gefühle, die wir schon als Kind nicht leben durften oder konnten. Unser Organismus unterscheidet nicht zwischen aktuellen Begebenheiten und der alten Wunde. Die mit der Wut häufig verbundenen Verletzungen oder Demütigungen berühren diese alte Wunde, und es schmerzt nicht nur der aktuelle Konflikt, sondern auch immer noch das, was schon lange zurückliegt, was aber nie wirklich wahrgenommen und gelebt wurde.

Für die meisten Menschen sind diese Zusammenhänge in der Alltagssituation nicht bewusst. Sie spüren, dass sie leiden, dass es ihnen zunehmend schlechter geht und sie ihren Alltag nicht mehr bewältigen können. Die zugrunde liegenden Regungen im Gefühlsbereich liegen oft unter einer Decke der Betäubung aus Suchtmitteln oder Ablenkung. Wenn aber das Bewusstsein für diese Gefühle wieder eintritt und der aktuelle Konflikt in seinem ganzen Ausmaß wahrgenommen wird, dann fängt Blockiertes an, sich zu lösen, und eine Entlastung wird möglich. Eine Wiederbegegnung mit einem vermeintlichen Feind kann zu einer Chance werden. Der Feind kann zum Lehrer werden und vielleicht auch zum Befreier, wenn wir das, was er ausgelöst hat, als unser eigenes erkennen und wahrnehmen. Eine solche Begegnung kann dazu führen, dass lange Aufgestautes wieder bewegt und befreit wird. In Seminaren zum Thema Umgang mit Wut und Aggression kann ich häufig erleben, wie befreit und erlöst sich Menschen fühlen, wenn sie in einem geschützten Raum jahrelang angestaute Gefühle des Zorns und des Hasses ausdrücken dürfen. Dies geschieht in ganz natürlicher Weise ohne großen Einfluss von außen, wenn man bereit ist, die eigenen Empfindungen und Gefühle wahrzunehmen und den eigenen Impulsen zu folgen. Wir können unserem Organismus in dieser Hinsicht völlig vertrauen, denn er will uns in die Freiheit führen.

ZWEITER TEIL

WEGE AUS DER OHNMACHTSFALLE

1. Alarmzeichen Wut – ein wunderbarer Ratgeber

Unsere Wut kann zu einem wunderbaren Ratgeber werden, wenn wir anfangen, sie zu achten und wahrzunehmen. Wut taucht immer dann auf, wenn unsere Grenzen schmerzhaft überschritten werden oder wesentliche Wünsche und Bedürfnisse nicht geachtet werden. Insofern kann es für jeden Menschen von großem Nutzen sein, das Alarmzeichen Wut zu achten.

Indem wir innehalten und unseren auftauchenden Gefühlen nachspüren, können wir mehr und Wichtiges über uns selbst erfahren. Vor allem kommen wir damit unseren wahren Bedürfnissen und unseren persönlichen Grenzen näher. Nimmt jemand in einer Begegnung mit einem anderen seine Impulse des Ärgers ernst, kann er sie als Zeichen verstehen, dass für ihn etwas nicht stimmt in dieser Beziehung. Er kann sich fragen, was ihn verletzt hat, wo seine ihm ganz eigenen Grenzen überschritten wurden oder welche wichtigen Wünsche vom anderen nicht geachtet wurden. Manchmal ist es erst unsere Wut, die uns solche Grenzen oder Bedürfnisse deutlich macht. In den meisten Fällen gehen wir mit diesen Wünschen und Grenzen eher unbedacht oder selbstschädigend um.

Die Wut und der eigene Ärger können daher zum Helfer werden für Selbsterkenntnis und Selbstwahrnehmung. Wenn wir wissen, wer wir sind, wenn wir wissen, wo unsere Grenzen sind und was wir wirklich brauchen, können wir auch besser für uns sorgen und unsere Beziehungen so gestalten, dass wir in ihnen zufrieden sind. Die Wut ist nicht unser Feind, sondern unser Freund, denn sie macht uns deutlich, wo wir stehen. Sie zeigt uns, dass wir lebendige Menschen sind, die auf ganz individuelle und eigene Art den Kontakt mit anderen Menschen empfinden.

Was den einen wütend macht, berührt den anderen vielleicht weniger, weil er andere Grenzen und auf Grund seiner Lebensgeschichte andere Empfindungen und andere Wünsche hat. Jemanden, der in seinem Leben sehr viel Liebe und Anerkennung erfahren hat, wird es weniger treffen, wenn er kritisiert wird, als denjenigen, der schon früh all dies entbehren musste. Für diesen kann eine kritische Bemerkung, die vielleicht scherzhaft geäußert wurde, ein schmerzhaftes Fass vieler Missachtungen seiner Bemühungen öffnen und beißenden Ärger hervorrufen. Wem solches widerfährt, der sollte sich nicht scheuen, dies deutlich zu machen mit all dem Ärger und der darunter liegenden Verletzung. Wenn wir uns getroffen fühlen, kann es eine Chance sein, dem anderen die persönliche Eigenart deutlich zu machen und eigene Grenzen zu zeigen. Sonst laufen wir Gefahr, immer und immer wieder die gleichen Verletzungen zu erleben und von innerem Ärger, der sich mehr und mehr aufstaut, blockiert zu werden. Wir trauen uns immer weniger zu, achten peinlichst darauf, keinen Fehler zu machen, geraten in eigene Unzufriedenheit, wenn uns doch ein Fehler passiert, und werden immer verkrampfter. Wir ziehen uns zurück und vermeiden verletzende Situationen. So entsteht ein Teufelskreis, der uns immer weiter von unserem Ziel, geachtet, gesehen und anerkannt zu werden, entfernt. Wenn wir beginnen, uns mit dem zu zeigen, was in uns vorgeht, kann der andere uns vielleicht auch besser verstehen. Wir können erkennen, ob er wirklich an uns interessiert ist und unsere Botschaft ernst nimmt. Damit fangen wir auch selbst an, unsere Wünsche nach liebevollem Umgehen miteinander ernstzunehmen. Gerade das Deutlichmachen des Ärgers kann dies bewirken – ganz sicher nicht die Vermeidung. Die führt nur dazu, sich selbst zu verleugnen und eine Scheinharmonie zu installieren, in der es zwar keine äußerlich sichtbaren Konflikte gibt, in der wir im eigenen Inneren aber Unfrieden haben. Wahre Harmonie gibt es nur da, wo solche Konflikte wirklich gelöst wurden und Klarheit und Offenheit über die eigenen Gefühle besteht. Was uns oft daran hindert, unsere Wut deutlich zu machen, ist neben der Angst vor der Heftigkeit der Gefühle auch die Scham. Gerade wenn es um tiefe Bedürfnisse geht und jemand, der uns sehr wichtig ist, uns übergangen oder bloßgestellt hat, erleben wir unsere Gefühle oft als eine Mischung aus Zorn, Schmerz und Scham. Wir sind wie gelähmt und glauben, unsere Würde zu behalten, wenn wir uns nichts anmerken lassen. Doch im Inneren tobt es umso heftiger, je weniger wir wollen, dass unser Zustand sichtbar wird. Wir täuschen uns selbst, wenn wir glauben unsere Würde zu erhalten, indem wir uns nicht zeigen. Denn in Wahrheit leidet unsere Selbstachtung bei dieser Art Flucht und „so tun als ob nichts wäre". In einem solchen Moment achten wir uns selbst nicht in unserem Schmerz und unserem Empfinden von Übergangensein. Wir achten unseren auftauchenden Ärger nicht, oder wir nehmen ihn nicht wahr, um die Beziehung oder uns nicht zu gefährden. Aber wir gefährden unsere Integrität. Wir stehen nicht zu uns und schämen uns unserer Bedürfnisse. Wir verleugnen unsere menschlichsten Gefühle und machen uns nach außen hin hart. Dies kann nicht zu guten, offenen und freundlichen Beziehungen führen, weil wir zu uns selbst nicht freundlich sind. Statt für uns selbst tiefstes Verständnis zu entwickeln und mit ganzer Intensität unsere Sehnsüchte und Wünsche nach Kontakt vielleicht gerade mit diesem Menschen, der uns verletzt hat, wahrzunehmen, leugnen wir unsere innere Stimme. Manchmal führt das dazu, dass im Nachhinein der Ärger und die Wut erst richtig zu blühen beginnen. Wir nähren sie mit allerlei „bösen" Gedanken über den Peiniger, ohne sie auszusprechen. Wir bleiben an diesen Gefühlen sozusagen hängen und nehmen all die anderen Facetten der Situation und unserer Empfindungen nicht mehr wahr. Der Zugang zum anderen wird schwierig. Wenn das häufig vorkommt, kann es dazu führen, dass wir gerade mit den Menschen, die wir besonders lieben, auch besonders bösartige Streits entfachen. Es kann zu Trennungen und Kontaktabbrüchen führen, obwohl man das Gefühl hat, den anderen zu lieben. Diese Gefühle tauchen dann erst wieder auf, wenn genügend Abstand zum anderen da ist. Bei manchen Menschen führt das in den Beziehungen zu wirklichen Dramen und ständigen Trennungen und Wiedervereinigungen. Solche Verhaltensweisen sind kräfteraubend und anstrengend. Gerade aber die Achtung der oft unbändigen Wut und die zugrundeliegenden Erfahrungen ermöglichen nach und nach einen Ausstieg aus solchen Beziehungsmustern.

2. Wut annehmen – nicht verdrängen

Die Beachtung der Wut als hilfreichen Sensor im Hinblick auf unser inneres Erleben bekommt dann eine große Kraft, wenn wir sie nicht nur zähneknirschend akzeptieren, sondern sie vollständig annehmen. Dieses Annehmen ist mehr als nur Hinnehmen. Wenn wir uns unserer Wut stellen und uns selbst darin annehmen, bekommt dieser Akt eine Dimension der Verwandlung.

Das wirkliche Annehmen von Wut fällt uns deshalb so schwer, weil dieses Gefühl sehr heftig und durch allerlei Verbote, erlernte Abwertungen und Beschämungen so unangenehm geworden ist. Wut ist ein Gefühl, das eng mit dem Erleben von Lust verbunden ist, und je aggressionsfeindlicher wir erzogen wurden, desto heftiger ist die Scham, die wir im Falle solcher Gefühle erleben. Statt Lust spüren wir Scham oder fühlen uns sofort schuldig. Manchmal sind die Schuldgefühle so verstärkt, dass die darunter liegende Wut oder der Zorn gar nicht mehr wahrgenommen werden. Jedes Mal, wenn Wut aufkommt, taucht dann auch die Schuld auf und verdrängt die wahren Gefühle – deren Ausdruck in früherer Zeit vielleicht gefährlich war oder gar Misshandlungen zur Folge hatte.

Wenn wir schon früh gelernt haben, dass Wut und Ärger schlecht sind, gehen solche Gefühle später immer mit anderen Empfindungen einher, die uns eher schwächen. Wut enthält im Ursprung enorme Kraft und Lebendigkeit. Ist diese blockiert, erleben wir uns in der Wut stattdessen als schwach. Wir haben das Gefühl, die Kontrolle zu verlieren oder uns auszuliefern. Wir verkrampfen uns aus Angst vor dieser Wut, und diese Angst macht uns schwach. Dagegen kann es zu einer völligen Umwandlung unseres Erlebens und unseres Seinszustandes führen, wenn wir unsere aggressiven Empfindungen in der Tiefe zulassen und ohne Angst und Ablehnung begrüßen. Wir gewinnen unsere Kraft und unsere Lust und Lebendigkeit zurück. Die Annahme der Wut, des Zorns und des Hasses dient nicht dazu, andere zu zerstören, sondern sich selbst auszudrücken und deutlich zu machen. Zerstörerisch werden diese Impulse oft erst gerade dadurch, dass sie in der unterdrückten Form auf sehr destruktive Weise in unseren Beziehungen wirken. Wenn wir die Wut wirklich spüren und in der Tiefe annehmen, enthält sie immer auch die Dimension der Verletztheit, der Betroffenheit und der Enttäuschung. Sie ist angebunden an tiefe menschliche Erfahrung und ein Gefühl, welches diese Dimension deutlich macht und zu seiner Heilung beitragen kann. Mit einer von dieser Dimension abgekoppelten Wut, die zum Ausbau der eigenen Macht und zur Unterdrückung anderer dient, hat sie nichts gemein. Diese dient nur zur Abwehr eigener ungeliebter Gefühle auf Kosten anderer. Wut hat in erster Linie mit uns selbst zu tun - und erst in zweiter Linie mit dem anderen. Ihm gilt es in angemessener Weise unsere Botschaft zu überbringen. Für uns gilt, die Wut und den Ärger zu uns selbst zu nehmen, sie wahrzunehmen, anzunehmen und die Verantwortung dafür zu übernehmen. Sie dient in erster Linie uns selbst zur Klärung. Wir müssen akzeptieren, dass unsere Wut nicht ein Beweis dafür ist, dass der andere böse ist. Sie ist erst einmal nur ein Hinweis auf unseren übergroßen Ärger. Was in uns vorgeht, das können wir mitteilen. Es geht dabei nicht um Schuld oder Bewertung, sondern um Kontakt und Kommunikation.

Wenn wir aber mit einer negativen Sichtweise auf solche Gefühle aufgewachsen sind, verbinden wir sie eher mit zerstörerischen Impulsen. Rachegelüste, Strafungsphantasien und destruktive Verhaltensweisen gehören dazu, wenn wir uns auf den Weg machen, uns in unseren Gefühlen wahrzunehmen und zu ergründen. Insbesondere lang angestaute Aggression bewirkt in uns diese Dimension der Zerstörungswut. Auch das müssen wir erst einmal annehmen. Oft ist es schwer, ausgerechnet bei sich selbst Impulse wahrzunehmen, die wir bei anderen so verurteilen. Gerade Menschen, die früh ihre Lust an zerstörerischen Impulsen unterdrücken mussten, um ihr Überleben zu sichern, entwickeln eine ablehnende Haltung gegenüber Menschen, die Gewalt anwenden und aggressiv und laut sind. Diejenigen, die sich selbst solches nie erlauben würden, können es auch anderen nicht zugestehen. So verfestigen sich durch moralisch verbrämte Regeln unsere persönlichen Muster. Im Glauben an eine verbindliche Moral unterteilen wir dann in zwei Kategorien von Mensch: die Bösen, die sich nicht kontrollieren, die ihre Machtimpulse schamlos ausleben, und die Guten, die sich zurückhalten, die sachlich bleiben und die Dinge auf anderem Wege lösen – meist auf einem Weg, auf dem die Gewalt weniger sichtbar ist oder gegen sich selbst gerichtet wird. Mehr oder weniger haben wir alle solche Bilder im Kopf: Die wirklich Bösen sind auf jeden Fall die anderen. Mit den grauenhaften Taten von Gewalttätern haben wir aus unserer Sicht nichts gemein. Diesen so genannten eigenen Schattenanteilen zu begegnen, kostet viel Mut. Und dieser ehrliche Blick ist notwendig, wenn es um Annahme von Wut, Zorn, Ärger, ja oft auch Hass geht.

In meiner therapeutischen Praxis habe ich mit einer Frau gearbeitet, die sich diesem Prozess stellte. Sie wirkte sehr fein und liebevoll in ihrem Ausdruck. Die Menschen um sie herum schätzten sie wegen ihrer anteilnehmenden Fürsorge für andere. Sie litt schon länger unter Panikattacken und langjährigen Konflikten mit einem ehemaligen Vorgesetzten, den sie sehr geschätzt hatte, von dem sie sich aber auch ausgenutzt und verraten fühlte. Sie lebte nun seit kurzem in einer Beziehung mit einem Mann, der enge Kontakte mit seinen drei Ex-Ehefrauen unterhielt. Eine dieser Frauen lebte noch im ehemals gemeinsamen Haus im Untergeschoß, während meine Klientin jetzt mit ihrem Partner die zweite und dritte Etage bewohnte. Zu Beginn der Therapie verteidigte sie das Verhalten ihres Partners vehement, als ich ihr die Rückmeldung gab, dass ich mich wunderte, wie gelassen sie mit der Konfrontation mit ehemaligen Partnerinnen ihres Mannes umging. Je mehr sie sich in der Therapie aber ihren Gefühlen und ihrer Geschichte stellte, desto deutlicher wurde, wie sehr sie unter dieser Situation litt. Sie war oft auch in Angst, wenn ihr Mann abends länger mit seiner Exfrau etwas besprach, untersuchte seine Notizbücher und Schubladen nach Indizien eines Vertrauensmissbrauchs und spürte mehr und mehr ihre ganze Anspannung. Sie lebte mit diesem Mann in einem Konsens moralischer Vorstellungen, der offene Beziehungen bejahte, und vertrat eine sehr liberale Haltung gegenüber Liebe und Offenheit auch in sexueller Hinsicht. Sie vertrat eine Einstellung, in der sie bemüht war, ihrem Partner zu vertrauen, was er auch einforderte. Zu diesem Konsens passten jedoch weniger ihre wahren Gefühle, die sie zu bekämpfen suchte. Da beide auch in einem sozialen Kontext lebten und gemeinsame Freunde ähnliche Werte vertraten, war ihr Gewissenskonflikt noch größer. Vor allem wenn sie selbst liebevolle Gesten ihres Partners vermisste, verstärkten sich ihre Paniksymptome. Da er in solchen Phasen besonders fürsorglich war, beruhigte sie sich dann manchmal auch wieder. Dennoch hatte sie eine Therapie aufgesucht, weil sich ihr Gesamtzustand verschlechterte, sie sich zunehmend erschöpft fühlte und die Kontaktaufnahme mit anderen als schwierig und anstrengend empfand. Das traf sie besonders, da sie durch den Umzug zu ihrem Partner den Verlust einiger alter Freundschaften erlitten hatte. Sie bemühte sich redlich, zur geschiedenen Frau ihres Partners einen guten Kontakt herzustellen, konnte sie aber nicht wirklich leiden. Je mehr sie von dieser berichtete, desto deutlicher zeigten sich ihre eigene Ablehnung und ihre Eifersucht. Die Klientin hatte viel Mühe, sich diese Empfindungen einzugestehen. Sie rang mit ihren Gefühlen von Zorn, Ärger und Neid wie mit einem Feind. Sie war eher wütend auf sich selbst und auf ihre Unfähigkeit, die Beziehung zwischen ihrem Partner und seiner Exfrau zu akzeptieren, obwohl es wegen dieser Kontakte zunehmend auch ungeplante Streits mit dem Partner gab. Je mehr die Klientin sich selbst annehmen konnte, desto spürbarer wurden ihr auch ihre wirklichen Gefühle. In einer Sitzung überließ sie sich dann diesen unbändigen Gefühlen von Hass, Eifersucht und Verzweiflung. Ihr Körper begann zu zittern, ihr Gesicht verzerrte sich zu einer Grimasse und die lang zurückgehaltenen Gefühle verschafften sich Raum. Wenn solche Gefühle so lange Zeit aufs heftigste unterdrückt worden sind, bekommen sie tatsächlich das Gesicht eines grausigen Zerstörers. Doch unter den nun in Körpersprache und Bildern aufkommenden Phantasien und Szenarien der Rache und der Wut gegen die Feindin war auch die tiefe Verzweiflung eines sich ungeliebt fühlenden Kindes spürbar, das alles tun würde, um die Liebe des Partners zu erhalten – und sei es um den Preis der Verleugnung des eigenen Wesens. Die Klientin schrie wild um sich. Die Fäuste ballten sich, und sie beschrieb, wie sie am liebsten mit einem Messer ihre Widersacherin erstechen würde. Ich lud sie ein, symbolisch mit einem Kissen zu ringen und all ihren Zorn mit dem gefühlten Messer in ihrer Hand auszudrücken. Sie „stach" zu, wie von Sinnen, immer und immer wieder. Wäre das Kissen ein Mensch gewesen, wäre er schon längst getötet worden, aber die Klientin „stach" immer weiter unter tobenden Äußerungen zu. Die Kraft und Gewalt brachen dynamisch aus ihr heraus, ohne dass sie sie hätte zurückhalten wollen. Am Ende dieser Sequenz lag sie vor dem Kissen und weinte bitterlich. Ihr Körper war geschüttelt von heftigem Schluchzen, das sich nur ganz allmählich beruhigte. Ich war nahe bei ihr, um ihr zu signalisieren, dass sie gehalten und angenommen ist in all dem, was sich da entladen hat. Als sie mir wieder gegenübersaß, sah ich eine sehr veränderte Frau. Sie erschien unglaublich schön mit einem Ausdruck von Weichheit, Verletzlichkeit und zugleich von Stärke. Ihre Augen waren klar und sie berichtete, dass sie nicht nur auf ihre Rivalin, sondern auch auf ihre Halbschwester „eingestochen" hätte, die ihr in ihren Augen als leibliches Kind des Vaters und der neuen Stiefmutter immer vorgezogen worden war. Diese Halbschwester hatte ihr auch den ersten Freund ausgespannt, in den sie sehr verliebt gewesen war. Sie hatte ihr das nie wirklich verziehen, obgleich sie bei Familienfeierlichkeiten einen freundlichen Umgang mit ihr pflegte. Sie war erschrocken über die Heftigkeit ihres eigenen Zorns, berichtete in den darauf folgenden Stunden von schwierigen Situationen mit der Exfrau ihres Mannes und sah diese spürbar in einem anderen Licht. Sie konnte deren Situation und Leidensdruck plötzlich mit mehr Distanz wahrnehmen. Ihren Partner konfrontierte sie deutlicher mit eigenen Bedürfnissen nach Sicherheit in der Beziehung und mit ihren Gefühlen der Eifersucht. Die Wahrnehmung ihrer eigenen Situation hatte sich verändert. Ihre Panikattacken blieben aus. Das Annehmen ihres Schattenanteils hatte diese Frau authentischer und ausdrucksstärker gemacht. Ein Teil ihrer Lebendigkeit war zurückgekehrt, den sie nun nutzen konnte, um ihre Beziehung zu gestalten, anstatt Unerträgliches über sich ergehen zu lassen. Sie konnte nun beginnen sich mit dem auseinander zu setzen, was sie davon abhielt, sich selbst zu lieben und zu achten. Sie beschloss, keine Bedingungen mehr zu akzeptieren, unter denen sie emotional leiden würde.

Wenn Hass wirklich angenommen wird, kann sich auch die darunter liegende ursprüngliche Liebe wieder zeigen. Wenn der Schatten sichtbar wird, zeigt sich auch der darunter liegende Schatz. Der wahre Teufel steckt in uns selbst, nicht im anderen. Und wenn wir bereit sind, ihm wirklich zu begegnen, entpuppt er sich in der Regel als ein netter Kerl, oder als ein liebendes Kind.

3. Kraft und Eigenmacht

Nicht wenige Menschen scheuen sich davor, ihre Kraft und ihre Größe deutlich zu zeigen, wie in dem Bild der beiden sich begegnenden Männer sichtbar wird.

Viele vermeiden den Ausdruck ihrer Stärke und machen sich klein, in Gedanken, Worten und auch in der Haltung ihres Körpers. Welche Lebenserfahrungen auch immer zu dieser Haltung geführt haben, sie geht immer einher mit der Furcht vor Konflikten und vor Auseinandersetzungen mit bestimmten Menschen. Diese Haltung verhindert aufrichtige und kraftvolle Begegnung mit anderen. Für Frauen scheint es besonders schwierig zu sein, ihre Stärke zu demonstrieren. Sie fürchten, ihre Kraft wirke unweiblich, unattraktiv, schrecke Männer ab und mache Beziehungen unmöglich. Dass es gerade unsere weibliche Kraft ist, die lustvolle, lebendige und fruchtbare Beziehungen ermöglicht, ist eine Weisheit, die unserem Bewusstsein häufig abhanden gekommen ist. Viele Frauen haben Sorge, als hysterische Emanze zu gelten, wenn sie einmal laut werden und sich deutlich und unmissverständlich äußern. Ich empfehle vielen Frauen aus meiner Praxis bei Übungen, die ihre Eigenmacht stärken, Aussprüche wie „Was bist du wieder zickig" oder „Sieh dir mal dieses Mannweib an" oder ähnliches als Kompliment zu betrachten - als Kompliment und unterstützende Bekräftigung für ihren wachsenden Mut zu nehmen, auch mal unbequem zu werden und sich zu behaupten.

Doch was den Ausdruck der Kraft anbelangt, sehen die Probleme von Männern momentan gesellschaftlich gesehen nicht unkomplizierter aus, im Gegenteil. Auch sie sind oft in der schwierigen Situation, das Ausmaß ihrer Kraft nicht zeigen zu können, weil sie dann als gewalttätig oder brutal gelten. Sie kämpfen mit dem Ausdruck ihrer Gefühle im Inneren. Sie vermeiden, ihre weiche Seite zu zeigen, die als unmännlich gelten könnte. Ihre vermeintlich männliche Seite bringt ihnen die Kritik der stärker gewordenen Frauen, ihre weiche Seite die Kritik der Männer ein. Sie sind im Dilemma. Vielen fehlt die Orientierung, welchen Ausdruck ihrer Kraft sie angemessen wählen können. Viele Männer berichten in den Seminaren, dass sie eine enorme Angst vor dem Erleben starker Gefühle entwickelt haben. Sie glauben, wenn sie diese freilassen, könnten sie wirklich mit ihrer Kraft jemandem etwas „nicht wieder gut zu machendes" antun. Um das zu vermeiden, leben sie ständig wie in einem inneren Bremszustand, der viel Energie kostet. Wenn sie diese Kraft dann in einer therapeutischen Situation einmal freilassen können, empfinden sie eine ungeheure Erleichterung.

Unsere Vorstellungen von Kraft sind sehr eingeschränkt. Wir machen uns oft nicht die Mühe, zwischen tragender Kraft und zielgerichteter Kraft zu unterscheiden. Kraft hat viele Wege und Ausdrucksformen. Haltende Kraft oder die Kraft, die in der Flexibilität der Bewegung entsteht, zeigen einfach nur verschiedene Ausdrucksformen ein und desselben. Dennoch hat jeder Mensch im Laufe seines Lebens seine Art gefunden, die Kraft zu leben, zu halten und auszudrücken. Der Ausdruck von Gefühlen kann ein hohes Maß an Kraft haben. Es ist immer eher eine Frage, ob die Kraft fließt und bewusst erlebt wird oder unbewusst blockiert ist. Es macht einen Unterschied, ob ich jemanden oder etwas trage und halte, ganz *bewusst*, oder ob ich *unbewusst* trage und festhalte im eigenen Körper in Form chronischer Verspannungen. Im ersten Fall fühle ich mich stark, im zweiten Fall schwach, obwohl die Kraft, die ich im Körper nutze, das gleiche Ausmaß hat. Es gibt Menschen, die in ihrer Verweigerung auf andere sehr mächtig wirken, sich innerlich aber schwach fühlen. Depression ist in den meisten Fällen nichts anderes als blockierte Kraft gegen das Leben. Der Depressive erlebt sich aber eher als schwach und unwirksam. Die gesamte Kraft ist wie gebunden in der Resignation. Aber sie ist vorhanden und kann wieder ins Fließen und ins Bewusstsein geholt werden. Und von anderen werden depressive Menschen oft als sehr mächtig und in ihrer Verweigerung bestimmend erlebt. Kraft hat zwar auch, aber nicht in erster Linie mit körperlicher Größe oder Masse zu tun. Kraft ist eine Frage der Durchlässigkeit und des Bewusstseins.

In therapeutischen und anderen Gruppen teste ich die körperlichen Gewohnheiten des Krafteinsetzens von Klienten im Armdrücken. Die meisten beschreiben, wie sie ihre Kraft aus den Armen, der Brust oder dem Rücken schöpfen. Oft wird der Atem angehalten und die Zähne werden zusammengebissen. Diese Anspannungen aber – und auch das Anhalten des Atems – blockieren de facto den Fluss der Kraft. Die meisten Menschen verwechseln Abwehr mit Krafteinsatz. Die Grundhaltung im Hinblick auf Kampf oder Kräftemessen ist nicht das In-Den-Kontakt-Gehen, sondern das Sich-Wehren. Das macht von der Grundhaltung her einen großen Unterschied aus und äußert sich auch in der Körperspannung. Beim Sich-Wehren regiert die Angst; beim In-Den-Kontakt-Gehen regieren die Lust und die Lebendigkeit. Hier bleiben die Muskeln frei und werden nicht in einer Spannung fixiert. Der Atem fließt und wird nicht angehalten. Die körperliche Erfahrung, dass Atmen Kraft gibt, kann sehr eindrücklich sein. Das Vertrauen in die eigene Kraft, dessen Zentrum im Becken und in der Mitte des Körpers liegt, verändert die gesamte Ausstrahlung eines Menschen im Kraftausdruck. In der Arbeit der Selbsterforschung des eigenen Körpers in der Bewegung und im Kraftausdruck geht es darum, körperliche Bewegungsmuster aufzulösen und den natürlichen Fluss der Kraft wieder zuzulassen.

Karl Friedrich Dürckheim hat den Sitz der Kraft im Becken, das *Hara*, sehr nachvollziehbar beschrieben. Alle asiatischen Kampfsportarten arbeiten mit dieser Kraft aus der Mitte heraus, die als *Chi* oder *Ki* bezeichnet wird. Die meisten Kampfsportarten basieren auf dem Geschehen des Transports im Körper, den Gerda Alexander in ihrem Buch „Eutonie" sehr detailliert beschreibt. Hier wird deutlich, dass, ganz gleich von welchem Sitz der Kraft man ausgeht, die Flexibilität der muskulären Spannung bestimmt, wie leicht oder wie gehindert die Kraft durch das muskuläre Gewebe an die Gelenke weitergegeben wird. Damit verbunden ist die Fähigkeit oder Unfähigkeit, die Kraft zielgerichtet einzusetzen. Derjenige, dessen Muskeltonus flexibel ist, wird die eingesetzte Kraft leichter und schneller durch die unterschiedlichen Bereiche fließen lassen und kann demzufolge auch eine größere Kraft nutzen, als der, der den Fluss der Kraft durch unflexible und verspannte Muskeln blockiert. Wenn die Muskulatur sehr fest angespannt und der Atem zudem noch angehalten wird, ist das eine Kraftvergeudung, die der Ökonomie unserer Körperbaufunktion entgegenwirkt. Das Erleben, dass Kraft immer vorhanden ist und dass Kraftgeben eher ein Zulassen als ein Machen ist, verändert unter Umständen unsere gesamte Ausrichtung. Es gibt viele Übungen der Körperwahrnehmung, die unseren Zustand der Durchlässigkeit unserer Kraft verdeutlichen kann. Bei den meisten Menschen aus dem westlichen Kulturkreis gibt es massive Verspannungen in bestimmten Regionen des Körpers, zum Beispiel der Oberschenkelmuskulatur. Solche Spannungen behindern die Kraft, statt sie zuzulassen. Unser gesamtes Verständnis vom Körper ist gesteuert von dem Irrglauben, wir hätten diesen zu gebrauchen, anstatt ihn zu verstehen und wirken zu lassen. Unser Körper ist ein Gefäß unerschöpflichen Reichtums an lebendiger Teilhabefähigkeit. Anstatt ihn leben zu lassen oder zumindest genüsslich in ihm zu leben, solange wir in ihm wohnen, funktionalisieren wir ihn, unterjochen ihn im schlimmsten Fall und lassen ihn verkümmern als Spielball unserer falschen Vorstellungen von uns selbst.

Die bewusste Wahrnehmung unseres körperlichen Zustandes bringt uns wieder einen Schritt zurück zur tatsächlichen Wirklichkeit und macht damit angemessene Bewegung in der Situation möglich. Gerda Alexander beschreibt den Transportreflex als ein natürliches Geschehen im Körper. Eine Kraft, die ich gegen einen Widerstand einsetze, wirkt im eigenen Körper in der gleichen Intensität zurück, wenn ich ihn durchlasse durch die freie Muskulatur in Richtung der Struktur der Gelenke. Die Aufrichtung unseres Körpers geschieht durch diesen Transportreflex, der in der tiefen Wirbelsäulenmuskulatur stattfindet. Ein Druck gegen den Widerstand des Bodens nach unten bewirkt eine Aufrichtung durch die gelenkigen Verbindungen nach oben. Diese Kraft richtet unseren gesamten Körper auf.

Durch den Transport der Kraft im Körper entstehen Hebelwirkungen, die den Widerstand auf vielfältige Weise nutzen können und einen enormen Kraftausdruck ermöglichen. In asiatischen Kampfsportarten machen sich die Übenden diese natürlichen Gesetze des Körpers zunutze. Der Körper wird durch viele Übungen so geschmeidig gehalten, dass der Transport auf ganzheitliche und natürliche Weise fließt. In den Methoden der Eutonie nach Gerda Alexander oder in der von Moshe Feldenkrais entwickelten Körperarbeit werden diese natürlichen Bewegungen im Körper wieder erlernt, wenn sie durch falsche Vorstellungen oder unbewussten Gebrauch des Körpers verloren gegangen sind.

Diese Art des Krafteinsatzes setzt allerdings voraus, das sich der Übende einstellt auf den Kontakt mit einem Anderen, dass er dem Kontakt nicht ausweicht, sondern Kampf als Form des Kontaktes begreift. Das „Sich-Dem-Anderen-Stellen" hat Vorrang vor dem Sieg. Wichtig ist das Bewusstsein für das, was geschieht, nicht das Resultat. Auch in diesem Zusammenhang wird deutlich, dass Kraft eher eine Frage des Bewusstseins ist und weniger der Masse oder des Gewichts. Es sind ganz einfache Gesetze: Jede Kraft, die ich im Außen einsetze, erzeugt eine Gegenkraft, die in uns selbst zurückwirkt. Diese in uns selbst wirkende Kraft hat das gleiche Ausmaß wie die nach außen gerichtete. Der Zustand der eigenen inneren Situation ist dabei entscheidend. Nehme ich diese erstens bewusst wahr und lasse sie zweitens auch zu, blockiere sie also nicht durch innere Anspannungen und Gegenwirkungen, fließt sie zur freien Verfügung in die Richtung, in die ich sie haben will. Dies geschieht aber nur dadurch, dass ich meine innere Situation im Bewusstsein habe. Ähnlich ist es mit dem Ausdruck unserer Wut. Wenn ich nur damit beschäftigt bin, wie der Ausdruck meiner Wut auf den anderen wirkt und ob der andere möglicherweise sein Verhalten dadurch ändert oder nicht, und wenn ich fälschlicherweise das

Ausmaß der Wirkung für das Wesentliche halte, vergesse ich den ebenso wesentlichen Teil in mir selbst. Solange ich in der eigenen Spannung und Anspannung feststecke, kann ich im Außen nichts bewirken. Wehrt sich im Inneren etwas gegen diese Kraft, arbeitet dieses Sich-Wehren gegen meine Intention. Die inneren sich widerstreitenden Kräfte blockieren den freien Ausdruck. Diese müssen wahrgenommen und gelöst werden, bevor sich im Außen etwas lösen kann. Der erste Schritt der Veränderung geschieht immer im eigenen Selbst. Die Gesetze des Kontakts im Körperlichen sind die gleichen wie die Gesetze des emotionalen Ausdrucks. Der eigene innere Konflikt muss zunächst gelöst, der eigene innere Widerstreit aufgedeckt und bearbeitet werden. Denn unsere Konflikte im Außen sind nichts anderes als die Spiegelung der inneren Widersprüche. Unsere individuelle Körperstruktur und unsere Bewegungs- und Spannungsmuster enthalten all diese Blockaden und Ungleichgewichte in den Spannungsverhältnissen und deren Fixierungen. Die Lösung der körperlichen und damit auch verbundenen emotionalen Blockaden bewirkt dann auch die Fähigkeit, Konflikte im Außen anzusprechen und zu lösen. Diese Grundstruktur unseres Organismus macht therapeutische Arbeit und Entwicklung durch bewusste Wahrnehmung seiner selbst wirksam. Nur da, wo es im Inneren wieder durchlässig fließt, kann es auch nach außen fließen und Kontakt ermöglichen. Zwischen zwei Menschen kann Neues entstehen. Die Lösung heißt nicht „Vorausdenken“, sondern entsteht im besten Fall im gelebten Austausch zweier gelöster Personen.

Um innere Widersprüche aufzulösen, ist deshalb die Wahrnehmung des eigenen Körpers ein wichtiger Baustein der Selbstentwicklung. Eine Person, die in der Mitte ihres Körpers mit ihrem Bewusstsein zentriert ist, hat eine andere Ausstrahlung, als jemand, der sich in seinem Körper nicht wahrnimmt und mit seinem Bewusstsein in seiner Gedankenwelt gefangen ist. Ein aufrechter und klarer Gang aus der Mitte heraus verfehlt seine Wirkung nicht. Eine gelöste, entspannte und aufrechte Körperhaltung bewirkt eine mögliche Kontaktebene, bevor jemand auch nur ein Wort gesprochen hat. Je unbewusster wir unseren Körper mit uns herumtragen, desto deutlicher spricht er die Sprache unseres Zustandes, den die anderen sozusagen lesen und auf den sie sich einstellen. Ist uns selbst dieser Zustand allerdings nicht bewusst, kann es zu massiven Kommunikationsproblemen kommen.

Stellen Sie sich jemanden vor, der sich schwach, mutlos und müde fühlt. Er nimmt sein Schwere noch wahr und ist verhangen in den Gedanken an sein Versagen und sein Scheitern. Was er unter Umständen nicht wahrnimmt, ist der missmutige Ausdruck in seinem Gesicht, der vorgeschobene Kiefer der ohnmächtigen Wut und des Trotzes, der in Resignation umgeschlagen ist. In dieser Haltung äußert er sich zum Beispiel über die geöffneten Fenster, die ihn stören. Er ist müde, wünscht sich, dass jemand für ihn sorgt und ihm wärmer wird. Die Durchblutung ist aufgrund der vielen Verspannungen im Körper schlecht. Er hat keinen Einfluss auf seine Stimme und nimmt außer der Schwere nichts wahr. Nicht seinen Zorn, nicht die Kraft und Spannung seines Körpers. Die Stimme ist blockiert, da sich die Spannung all der unterdrückten Gefühle in seiner Kehle auch hier manifestiert hat, um ja zu verhindern, lauthals seinen Zorn über viele Ungerechtigkeiten des Lebens herauszuschreien. Viel aufgestaute Wut aus vielen Situationen des Lebens hängt ihm in den Gliedern. Er wirkt müde und gebrochen, aber die gequälte Stimme und sein geäußerter Unmut über die geöffneten Fenster werden von anderen als Belastung erlebt. Sein jammernder Ton bringt andere in Wut. Wenn diese dann vielleicht ihren Unmut äußern, fühlt sich dieser Mensch völlig missverstanden. In seiner Wahrnehmung geht es ihm sehr schlecht – und dennoch erfährt er von den anderen sogar noch Aggression. Wie er selbst für diese Kommunikation sorgt, welche Bereiche seines körperlichen und emotionalen Zustandes dieses bewirkt haben, ist ihm nicht bewusst. Er fühlt sich vielleicht ungerecht behandelt und verstärkt seine Anstrengungen, sich zurückzuziehen, weil die anderen ihn immer falsch verstehen. Unsere Überzeugungen von uns selbst sind für andere in unserem Körperausdruck sehr schnell sichtbar. Wenn diese nicht mit dem übereinstimmen, was wir bewusst von uns wahrnehmen und denken, werden die Probleme mit anderen immer verworrener. Wir erleben uns in einer feindlichen Welt und verstehen nicht, welche Möglichkeiten wir hätten, ein lebendiges und erfülltes Leben in zufriedenstellenden Begegnungen zu führen mit allem, was sich uns zeigt. Dies wird erst wieder möglich, wenn wir anfangen, uns bewusst mit all unseren Sinnen wahrzunehmen und die erlebte Wirklichkeit wieder zu spüren, statt sie zu bewerten und zu bedenken.

Der Ausdruck und die Wahrnehmung der Kraft, die uns zur Verfügung steht und die wir sozusagen körperlich und seelisch verwalten, spielt dabei eine große Rolle für das Gelingen des eigenen Lebens und das Empfinden einer eigenen Macht, mit der ich das Leben gestalten kann, statt es von anderen bestimmen zu lassen (oder es so zu empfinden). Im Grunde sind wir die einzigen, die es bestimmen. Dieser Bestimmungsprozess kann bewusst sein oder unbewusst. Nur so ist es zu erklären, dass sich Menschen ohnmächtig fühlen, obwohl sie ihre Geschicke selbst so gestalten, dass andere sich ihrer bemächtigen. Die eigene Macht zurück zu gewinnen, wenn sie im Bewusstsein und damit auch im Sein verloren gegangen ist, macht einen wesentlichen Teil der Arbeit mit der eigenen Kraft aus. Nicht ohne Macht, sondern mit eigener Macht wirksam zu sein ist das eigentliche Ziel dieser Körperarbeit mit der Kraft.

Kleine Begebenheiten des Alltags können uns deutlich machen, wie wir sind und was wir ausstrahlen. Vielleicht können Sie sich an Situationen erinnern auf schmalen Gehwegen oder am verkaufsoffenen Samstag in der Stadt: Menschen kommen Ihnen entgegen und der Raum ist eng. Was tun Sie? Weichen Sie aus? Oder gehen Sie selbstverständlich Ihres Weges und kommen gar nicht in die Gefahr zusammenzustoßen, weil die Entgegenkommenden Ihnen bereits ausgewichen sind? Mit wie viel Kraft und sicherer Ausstrahlung werden Ihre Schritte wahrgenommen? Oder gehören Sie eher zu denen, die übersehen werden, denen man auf die Füße tritt? Hören Sie bei einem Zusammenstoß eine Entschuldigung oder einen Vorwurf? Dies alles sind interessante Botschaften und Rückmeldungen aus dem Alltag, die uns wacher machen können für uns selbst. Wenn wir uns eher weniger selbst spüren und wahrnehmen, können wir wichtige Rückmeldungen auch darüber bekommen, dass wir die Reaktionen der anderen auf uns beobachten: Ganz gleich wo wir anfangen – die kleinen Begebenheiten und Erfahrungen des Alltags enthalten alles, was wir brauchen, um uns bewusster und weitreichender kennen zu lernen. Dieser Prozess der sich erweiternden Wahrnehmung ist unbegrenzt. Es gibt immer noch Neues wahrzunehmen und kennen zu lernen. Dieses Lernen über die bewusste Wahrnehmung ist das eigentliche Leben. Es macht uns immer wieder neue Möglichkeiten deutlich und bietet in jedem Moment des Lebens freie Entscheidungen und viele verschiedene Wege des Handelns und Seins.

Es gibt viele Wege, sich seiner selbst bewusster zu werden. Einer davon ist sicherlich der Weg der Körperwahrnehmung, die Aufmerksamkeit auf die eigene Spannung, die eigene Kraft und Bewegung zu lenken, sowie Übungen des körperlichen Kraftausdrucks. Aber auch mentale, visionale und gedankliche Übungen können hier hilfreich sein und den Weg der bewussten Aufmerksamkeit fördern. Für jeden, der oft in Situationen gerät, in denen er sich von anderen nicht ernst genommen fühlt, sind spezielle Übungen sinnvoll, die das Erleben der eigenen Kraft, des eigenen Wertes und der eigenen Ausstrahlung beleben. In der persönlichen Auseinandersetzung mit den eigenen Strategien, sich selbst zu boykottieren und der eigenen Kraft entgegenzuwirken, werden solche Strategien innerhalb dieser Übungen deutlich und bewusst. Je mehr sie uns deutlich werden, desto eher können wir sie auch lassen. Mit einem solchen aufmerkenden Bewusstsein für uns selbst wirken wir selbstbewusst und stark, ganz gleich, wie sehr wir uns dem Leben oder anderen Menschen hingeben mögen. Sowohl im Körper als auch in der psychischen Wirklichkeit können wir die Erfahrung machen, dass die Hingabe und das Sich-Überlassen die eigentlichen Kräfte sind, die uns aufrichten, weil sie in uns zurückwirken. Die sich dadurch entfaltende innere Kraft können wir nutzen und in zahllosen Möglichkeiten von Bewegung und Ausdruck umsetzen. Die natürlichen Gesetze des Transportreflexes können uns dieses Phänomen am eigenen Leibe erfahren lassen. Dadurch entsteht Eigen-Macht, die sich aus dem Vertrauen in das Leben und all die tragfähigen Kräfte und Verbindungen dieses Lebens ergibt.

4. Bewusstsein für eigene Gefühle

In der therapeutischen Arbeit fällt auf, dass Menschen in Lebenskrisen und mit Depressionen häufig ihre natürliche Verbindung zu ihren Gefühlen verloren haben. Der emotionale Bereich des Lebens wurde oft schon viele Jahre vernachlässigt. Stattdessen haben sie durch grüblerisches Denken versucht, die Lage zu verbessern, was zwangsläufig scheitern muss. Vielen kommt es daher zunächst einmal fremd vor, wenn ich sie frage, wo in ihrem Körper sie ihre Gefühle wahrnehmen. Sie berichten von schwierigen Situationen oder Beziehungen in ihrem Leben, tun dies aber eher unberührt und scheinbar abgeklärt. Dennoch wird in den Erzählungen deutlich, dass die Situation problematisch und ungelöst ist.

In der körpertherapeutischen Arbeit wird über die Körperwahrnehmung versucht, die zur Situation gehörigen Gefühle wieder spürbar zu machen und in das Gesamterleben zu integrieren. Widersprüchliche Impulse von Gefühl und Verstand scheinen bei vielen Menschen innere Konflikte auszulösen, die sehr viel Energie kosten. Denn dieser Prozess ist häufig unbewusst. Die Gefühle von Wut und Ärger über Erlittenes werden zur Seite geschoben. Der Verstand versucht die Position des Konfliktpartners zu verstehen oder hat beschlossen, dass Aggressionen zu nichts führen, unmoralisch sind oder schwach machen. Daraus folgt, dass vom Verstand andere Strategien zur Bewältigung der Situation ausgehen als vom Gefühl. Keine dieser Seiten kann sich durchsetzen. Es ist der innere Dialog oder Kampf zwischen Wut auf der einen Seite und Verständnis oder Angst auf der anderen Seite, der erschöpfend und auszehrend wirkt.

In Krisen erleben sich die meisten Menschen deshalb als sehr erschöpft und spüren nicht mehr wirklich, was sie eigentlich so müde und kraftlos sein lässt. Der innere Dialog ist schon zur Selbstverständlichkeit geworden, findet im Innern als körperliches Spannungsgeschehen oder in den Gedanken statt, ohne dass er wahrgenommen wird. Dass all die vorhandene Kraft permanent gegen die eigene Person und die eigenen Gefühle gerichtet ist und dem Organismus alle Energie entzieht, geschieht wie im Verborgenen. Die Kraft wird quasi missbraucht, um den eigenen Lebensfluss zu verhindern. Freude ist dann ebenso wenig erlebbar wie Trauer und Wut. Wenn diese Prozesse aber bewusst gemacht werden, gibt es eine Möglichkeit, die Kraft zu spüren, die im Körper jederzeit erlebbar wäre. So kommt die Energie wieder ins Fließen.

Vor längerer Zeit begegnete ich in der therapeutischen Arbeit einem Mann, der sich so beschrieb: „In mir ist es leer und tot. Ich spüre gar nichts mehr und ich befürchte, da ist auch nichts mehr. Alle anderen fühlen etwas. Bei mir passiert da nichts". Er war nicht glücklich über diese Situation. Diese Empfindung des Unglücks und der Andersartigkeit war das einzige, was er wahrnehmen konnte. Mit dieser Empfindung begannen wir die Arbeit. Ich fragte ihn, wo im Körper er wahrnehmen könne, dass ihn seine Leere unglücklich stimme. Er brauchte Zeit, um seinen Körper wahrzunehmen. Zuviel hatte er sich zuletzt im Raum seiner Grübeleien aufgehalten. Er deutete auf seine Bauchregion, in der er die Leere fühlte, und er sprach auch von Dunkelheit.

„Da ist nichts", sagte er immer wieder. Er fühle sich schwer und müde. Ich begleitete ihn mit meiner Aufmerksamkeit, während er seinen Körper wahrnahm und mir seine Empfindungen beschrieb. Er suchte die Schwere in seinem Körper auf und gab ihr seine Aufmerksamkeit. Sie war in seinem ganzen Körper. Er beschrieb sie als

Starre, dann wieder als Schwere. Ich forderte ihn auf, genau in diese Schwere und auch in die Starre mehr hinzuspüren und mit seiner bewussten Wahrnehmung dort zu bleiben. Er schloss die Augen und begab sich in einen spürsamen Zustand. Seine Gesichtszüge veränderten sich, seine Haut wurde heller und weniger durchblutet. Er wirkte wie tot. Er beschrieb, wie er sich nach unten gezogen fühlte, wie von einem Magneten an die Erde gefesselt. Ich folgte ihm in seinen Wahrnehmungen und begleitete ihn immer dadurch, dass ich ihn aufforderte, genau da hinzuspüren, wohin seine Aufmerksamkeit im Körper quasi wie von selbst gezogen wurde. Als er immer deutlicher den Sog nach unten spürte und seinen Körper vorbeugte, forderte ich ihn auf, dem zu folgen. Er sank immer tiefer in sich zusammen und krümmte sich auf seinem Stuhl, wurde immer kleiner und schmaler. Der Kopf hing vornüber gebeugt. Er wirkte wie leblos.

Dieser Weg körpertherapeutischer Arbeit folgt immer dem, was der einzelne spürt und wahrnimmt an Empfindungen, Gefühlen und Impulsen. Es ist ein Weg, der eigenen inneren und gefühlten Wahrheit auf die Spur zu kommen.

Dieser Mann kam im Laufe der weiteren Arbeit mit seinen Todessehnsüchten, einem Schock und tiefer Trauer in Berührung. Er fühlte sich wie vor einem Sarg sitzend, selbst auf den Tod wartend. Der Mann war sehr erschrocken über dieses Bild. Auch nach mehrmaliger Aufforderung konnte er seine Augen nicht öffnen, er hatte das Gefühl, sich nie wieder bewegen zu können. Dies dauerte lange an. Er sprach nur sehr leise, ich blieb neben ihm sitzen und fragte ihn immer wieder, wie er sich fühle und wo er sich befinde. Er beschrieb, dass er plötzlich sehr friere. Die Schwere seines Körpers wich einem Gefühl ängstlichen Zitterns. Seine Arme kamen leicht in Bewegung. Ich riet ihm, dem Zittern und seinen Impulsen mit seiner Aufmerksamkeit zu folgen. Er krümmte sich hin und her und konnte dann die Augen wieder öffnen. Langsam tauchte er aus diesen Empfindungen wieder auf und bat um eine warme Decke, die ich ihm reichte, damit er sich darin einhüllen konnte.

Nach einiger Zeit berichtete er vom Tod seines Vaters vor mehreren Jahren, zu dem er ein eher schwieriges Verhältnis gehabt habe. Er fühle sich so merkwürdig traurig, ohne das wirklich zu verstehen. Als er so schwer und starr geworden sei, seien ihm auch Bilder von der Beerdigung seines Vaters in den Sinn gekommen. Es stellte sich heraus, dass er nie getrauert hatte. Sein Vater sei jähzornig gewesen, und er habe in der Kindheit viel erlitten. Darum hatte er sich auch nicht gewundert, dass ihn der Tod des Vaters nie berührt hatte. Es zeigte sich, dass seine innere Trauer um den Vater einerseits und seine rationale Haltung dem Vater gegenüber andererseits in einem Widerspruch standen, der ihn selbst sehr verwunderte.

Dies war der Beginn einer längeren Arbeit, in welcher der Klient mehr und mehr seinen Schmerz spürte über den fehlenden Vater, den er in der Tiefe seines Herzens auch geliebt hatte. Daneben nahm er immer wieder seinen unbändigen Zorn über viele demütigende Verletzungen wahr. Schon als Kind hatte er die Schwäche des Vaters hinter dessen Gewalttätigkeit erkannt und sich ihm im Hinblick auf die moralisierende Übermacht der Mutter nahe gefühlt, trotz aller Gewalt, die der Vater meistens im alkoholisierten Zustand ausgelebt hatte. Ihm fielen – lange nicht erinnerte – Situationen seiner Kindheit ein, in denen es zarte und feine Verbindungen zwischen Vater und Sohn gegeben hatte. Auch Momente, in denen er versucht hatte, den Vater zu erreichen, wurden wieder wach. Besonders, wenn er als Kind krank gewesen war, war es der Vater gewesen, der sich ihm zuwandte, nicht die eher streng wirkende und kühle Mutter. Mehr und mehr verdrängte Gefühle gegenüber dem Vater kamen in den folgenden Sitzungen ins Bewusstsein, und er sah sich selbst und seinen Vater in einem anderen Licht. Der Tod des Vaters hatte ihn in der Tiefe viel mehr berührt, als er sich das eingestehen wollte. Das bis in die aktuelle Zeit transportierte Bild einer guten und lebenstauglichen Mutter und eines gewalttätigen und minderwertigen Vaters kam ins Wanken. Die gefühlte Wahrheit des Kindes war eine andere gewesen und konnte nun integriert werden. Nicht zuletzt war der Tod des Vaters auch der Zeitpunkt gewesen, von dem an er sich der Macht der Mutter hatte vollständig unterordnen müssen. Das ängstliche Kind wäre dem Vater am liebsten ins Grab gefolgt. Vor diesem Hintergrund konnte der Klient auch seine Suizidgedanken besser verstehen. Die Gefühle der Leere waren eher das Resultat der Betäubung eigener Gefühle gewesen, und die Schwere war Ausdruck der Trauer um den Verlust des Vaters und seiner sanften Seite, die dieser nicht wirklich gelebt hatte.

Eine solche sanfte Seite an sich selbst konnte er sich im Zuge der weiteren Therapie immer besser zugestehen und musste sie nicht mehr mit seiner oft starr wirkenden Strenge verurteilen. Die Integration seiner verdrängten Gefühle ermöglichte ihm ein besseres Verstehen seiner selbst und ein reicheres, lebendigeres Verständnis seines Mannseins und seiner Empfindungen. Wut, Trauer, aber auch Berührtsein und Freude konnten wieder erlebt und gezeigt werden.

Wut, Ärger und Zorn sind häufig Gefühle, die nicht wirklich gespürt und sich selbst zugestanden werden. Wenn sie wieder ins Bewusstsein gelangen und wahrgenommen werden, kann das sehr schmerzhaft werden oder als anstrengend erlebt werden. Wenn es eher angstbesetzte oder erniedrigende Situationen waren, die uns dazu brachten, unsere Wut zu verdrängen, tauchen in der Bewusstheit auch diese Empfindungen und Emotionen wieder auf. Haben wir auch Lob und Anerkennung bekommen für die Unterdrückung und Verdrängung unserer Gefühle von Wut, Hass und Zorn, ist der Prozess oft sehr mühsam, denn wir opfern damit auch immer ein vermeintlich positives Selbstbild von uns, das der gefühlten Wahrheit widerspricht. Unsere Überlebensstrategie, die bis dahin so gut und erfolgreich zu sein schien, ist bedroht, und damit ist auch der Weg frei für alle bis dahin kontrollierten Ängste.

Dennoch lohnt sich der Weg der Bewusstwerdung. Er erweitert unsere Möglichkeiten und bringt uns uns selbst näher. Aus einer solchen Position heraus können wir eigene Potentiale besser entfalten, werden von anderen stimmiger und authentischer wahrgenommen. Unsere Kommunikation mit anderen wird leichter, weil Widersprüchliches in uns selbst zwangsläufig zu Verständigungsproblemen mit anderen führt. Wir werden besser und leichter verstanden und können freier leben.

5. Kindliche und „erwachsene" Wut

Die im vorigen Kapitel beschriebene Geschichte eines erwachsenen, 55-jährigen Mannes zeigt die Bedeutung der kindlichen Gefühle, die nicht wirklich ausgedrückt und gelebt werden konnten.

Unser Gehirn unterscheidet nicht in den Zeiten. Für das Gehirn gibt es Vergangenheit, Gegenwart und Zukunft nicht. Es gibt nur die aktuelle Unmittelbarkeit. In dieser Hinsicht stimmen moderne neurologische Forschung und das Wissen spiritueller Gelehrter und weiser Menschen überein. Die buddhistischen Traditionen des Achtsamkeitstrainings und die Erfahrungen und Überlieferungen von erleuchteten Lehrern beschreiben dies als fundamentale Wirklichkeit: Vergangenheit und Zukunft sind Illusionen, das, was geschieht, ist die unmittelbare Gegenwart.

In dieser sind die Gefühle erinnerter Situationen erhalten. Die Bilder einer Situation, die jemand erinnert, tauchen im gegenwärtigen Moment auf, genauso wie die Gedanken und die Gefühle, die damit innerhalb eines eigenen inneren Systems verknüpft sind. Die Gedanken, die immer wieder auftauchen, sind, wenn man sich selbst eine Zeit lang unter diesem Aspekt beobachtet, oft wiederkehrend und entsprechen individuellen Mustern. Die Themen unserer Gedanken sind trotz der Vielfalt menschlicher und weltlicher Erfahrungsschätze in der Regel eher übersichtlich und eingeschränkt. Wir drehen uns mit unseren Überlegungen im Kreis. Unsere Gedanken und Gefühle kreisen in der Regel um immer die gleichen Themen. Veränderungen aus diesem Kreislauf heraus können sich immer nur im aktuellen Moment entwickeln. Nichts Vergangenes wird in Wahrheit verändert. Es ist ein aktuelles Empfinden, das in die Wahrnehmung unserer Wirklichkeit integriert wird, wenn wir Bewusstheit zulassen.

Je mehr wir uns unserer Gedanken, Gefühle und Empfindungen bewusst sind, je mehr wir uns daran gewöhnen, uns wirklich im jeweiligen Moment zu spüren und wahrzunehmen, was in und um uns herum geschieht, desto eher können wir unterscheiden lernen, welche Gefühle mit welchen Erfahrungen, Bildern und Gedanken zu tun haben. In einem therapeutisch geschützten Raum können lange verdrängte Gefühle und Empfindungen wieder lebendig werden, die mit schmerzhaften Ereignissen aus der Vergangenheit zusammenhängen. Wir erfahren sie so quasi neu und können sie auf diese Weise auch verarbeiten. Wir lernen uns selbst und so mancherlei Gefühle und Empfindungen dann besser verstehen. Wenn solches geschieht, bekommen wir die Chance, in einer nächsten aktuellen Situation, in der vielleicht starke Gefühle der Angst, des Zorns oder der Wut aufkommen, diese besser einzuordnen. Wir können vielleicht realisieren, dass sie in diesem Ausmaß mit der eigentlichen, aktuellen Situation nur wenig zu tun haben. Wir können unsere kindlichen Gefühle aus einer Zeit der Ohnmacht von dem, was aktuell geschieht, unterscheiden. Wir können uns entspannen. Und nur aus dieser Entspannung heraus werden wir angemessen handlungsfähig. Starke Gefühle der Angst und der ohnmächtigen Wut blockieren die Tätigkeit unseres Gehirns. Wir wissen dann nicht, wie wir angemessen reagieren können, noch was wir angemessen sagen könnten. Wir stehen unter dem Einfluss eines ungeheuren Gefühlsstaus und erkennen die aktuelle Realität nicht mehr.

Die kindliche Wut unterscheidet sich von der Wut im Erwachsenenalter oft gerade in Hinsicht auf die Ohnmacht. Als Erwachsene sind wir nicht ohnmächtig. Wir haben immer mehrere Möglichkeiten. Wir sind längst nicht so abhängig wie ein Kind, das je nach Alter völlig oder doch zumindest in weiten Teilen auf die Eltern angewiesen ist. In unserem kindlichen Bewusstsein gibt es viele Möglichkeiten nicht, die uns als Erwachsene bewusster sind. Es sind oft eben diese psychischen Blockaden, die uns auch als Erwachsene den Blick für die Realität verstellen. Wir erleben dann die aktuellen Situationen als Erwachsene genauso ohnmächtig und aussichtslos wie als Kind, obwohl sie das de facto nicht sind. Je mehr wir uns und unsere Gefühle und Empfindungen kennen lernen und das Angestaute zulassen, desto klarer erleben wir uns und unsere Reaktionen, desto angemessener können wir handeln, desto mehr Möglichkeiten stehen uns offen.

6. Wut ausdrücken

Wir Menschen sind sehr unterschiedlich im Umgang mit unseren Gefühlen. Manche Menschen erleben sich im Strudel eigener Gefühle, sind diesen oft eher ausgeliefert und empfinden ein Zuviel davon. Sie fühlen sich überschwemmt von Emotionen und erleben heftige Gefühlsausbrüche. Anderen Menschen dagegen fällt es schwer, Gefühle zu zeigen, ja oft auch Gefühle überhaupt wahrzunehmen. Gefühlsausbrüche anderer erleben sie mit Verwunderung, Unverständnis, manchmal auch mit Neid oder Erschrecken. Sie klagen über Zustände der inneren Leere und der Sorge, ob da etwas in ihnen abgestorben ist. Sie fühlen sich emotional taub und stumpf. Zwischen diesen Extremen gibt es alle Variationen des Zuviel oder Zuwenig. Es kann auch ein Zuviel an traurigem und ein Zuwenig an aggressivem Erleben geben, oder umgekehrt. Ein Zuwenig an Fröhlichem und ein Zuviel an Traurigem, oder umgekehrt.

Alles in allem ist es sicher sinnvoll, sich einmal Gedanken darüber zu machen, wie man sich selbst emotional erlebt. Wie ausgewogen lassen wir Trauer, Freude, Wut oder Angst in unserem Leben zu? Wie ausgewogen verspüren wir diese Gefühle und wie schätzen wir uns selbst ein, was die Intensität betrifft. Sind wir unseren Gefühlen oft ausgeliefert oder können wir sie tragen und annehmen? Haben wir eher das Gefühl, das Leben geht an uns vorbei? Funktionieren wir eher mechanisch oder erleben uns nur in der körperlichen Aktivität? Und sicher macht es an dieser Stelle auch Sinn, darüber nachzudenken, in was für einem Klima des Emotionalen wir aufgewachsen sind.

In manchen Familien ist es selbstverständlich, dass Trauer und Schmerz ausgedrückt werden dürfen: wer in Not ist, unglücklich ist oder enttäuscht wurde, wird selbstverständlich getröstet. Die Kinder erleben nicht nur sich selbst, sondern auch ihre Eltern in schwierigen Lebenssituationen, die beispielsweise mit Verlust einhergehen, traurig. Tränen dürfen fließen und gehören zum Schmerz dazu.

In manchen Familien kann es aber vorkommen, dass zum Beispiel Wut und Ärger kaum oder gar nicht offen ausgedrückt werden. Es gibt keine offensichtlichen Konflikte innerhalb der Familie. Als Kind hat man seine Eltern nie streitend erlebt. Das weist deutlich auf einen Mangel im Bereich von Konfliktbereitschaft hin. Ärger wird tabuisiert, bestenfalls auf andere übertragen. Moralische Wertvorstellungen, die Aggressionen verteufeln, dienen diesem System. Die Aggressiven, das sind die anderen, „die sich nicht im Zaum halten können". Sie werden entwertet und abqualifiziert. Die Unterdrückung solcher Gefühle wird in diesen Familien gefördert, indem es als anerkennenswert gilt, sie nicht zu zeigen, am besten gar nicht zu haben.

Andere Formen familiärer Atmosphäre können widersprüchlich sein. Vielleicht ist es in manchen Familien zwar selbstverständlich, dass man schreit und tobt, wenn einem etwas nicht passt, dass zwar Wut und Frustrationen ungefiltert als Ärger geäußert werden können, aber Trauer und Schmerz, Enttäuschung und Verletzung keinen Raum bekommen und unter der Glocke von Aggressionen verloren gehen. Auch freudvolle Gefühle von Wärme und Liebe oder miteinander geteiltem Glück können gefehlt haben.

Je weniger „andere" Gefühlsbereiche ausgeglichen Raum finden, desto freudloser wird das Klima innerhalb einer Gemeinschaft. Als

Kind wächst man in eine solche Gemeinschaft hinein, ohne diese anzuzweifeln. Wir kennen es dann nicht anders. Wir wachsen in einer bestimmten emotionalen Atmosphäre auf und halten diese „natürlich" für eine Realität. Dass es auch andere Realitäten gibt, erfahren wir erst mit zunehmendem Alter und mit dem Erwachsenwerden. So kommt es, dass wir bestimmte Gefühlsgewohnheiten entwickeln, die in den Jahren unserer Kindheit mehr oder weniger deutlich ausgeprägt wurden. Je ungesunder und gestörter diese Atmosphäre ist, desto eingeschränkter werden unsere Erlebens- und Handlungsmöglichkeiten.

Erfahrungen in anderen gemeinschaftlichen Atmosphären können uns helfen, unser Erlebensspektrum zu erweitern. Vor allem Erfahrungen in heilsamen Gruppenatmosphären und förderlichen Zusammengängen können helfen, die alten Wunden und Verletzungen zu heilen. Solche heilsamen Atmosphären werden im nächsten Kapitel beschrieben.

In der Frage nach dem Ausdruck und der Empfindung unserer Gefühle kann es manchmal sinnvoll sein, diese zunächst auf „ungefährlichem" Terrain auszudrücken. Gerade beim Ausdruck wütender, zerstörerischer und zorniger Gefühle verspüren viele Menschen aus beschriebenen Gründen viel Angst. Es soll ja niemand verletzt werden oder zu Schaden kommen!

Kindliche alte Ängste sind im Spiel und lassen Fürchterliches erwarten, wenn die Wut tatsächlich gezeigt wird. Viele Menschen haben Angst vor der Mächtigkeit der eigenen Schattenseiten. Wir wollen uns nicht als böse, feindlich oder gar zerstörerisch sehen. Die Bösen, das sind die Anderen. Doch diese Sichtweise bringt nicht wirklich Erlösung, sondern zementiert das eigene Unglück und die ständige Wiederholung desselben Dramas. Wir bleiben frustriert und einsam auf der Strecke und fühlen uns als Opfer widriger Umstände oder anderer böser Menschen. Dies jedoch ist die Verdrehung der Wirklichkeit. Erlösung gibt es nur da, wo wir uns zunächst einmal uns selbst mit unseren ungeliebten Seiten stellen.

Der kreative Ausdruck beim Malen bietet hier ganz erstaunliche Möglichkeiten. Papier ist geduldig. Es wertet nicht und gibt genügend freien und weißen Raum, den wir auf unsere eigene Weise füllen können. Ein einfacher Impuls reicht aus. Malen Sie Ihre Wut! Mit Farben und Formen kann unser Gefühlszustand zunächst einmal für uns selbst sehr deutlich werden. Vielleicht ein erster Schritt, den quälenden Stau im Innern des Körpers nach außen zu bringen! Bilder gemalter Wut, gemalten Hasses, gemalten Zorns sind in der Regel sehr ausdrucksstark.

In der Kunsthalle Bonn hängen einige Bilder des Künstlers Baselitz. Sie sind sehr eindrücklich und überzeugend. Da scheut sich einer nicht, der zerstörerischen und aufwühlenden, vielleicht mit Hass erfüllten Kraft Ausdruck zu verleihen. Ich empfinde diese Bilder als schonungslos offen und diese schonungslose Offenheit kann erschreckend sein. Aber man muss nicht ein so erfolgreicher Künstler wie Baselitz sein – in vielen kreativtherapeutischen Gruppenstunden habe ich viele Bilder gemalter Wut gesehen, die ebensolche Kraft besaßen. Lustvolle Bilder, Schreckensbilder, schreiende Bilder, brennende Bilder. Die Bilder der Wut sind immer kraftvoll und lebendig. Sie offenbaren die Lebendigkeit und die Kraft, die in diesen Gefühlen gehalten sind. Wer seine Aggression verteufelt, versteckt, verdrängt, der büßt auch viel von seiner Lebenskraft ein, die darin festgehalten ist. Energie- und Kraftlosigkeit gehen mit der Abwesenheit solcher Gefühle einher. Ausdrucksstarke Bilder entstehen, obwohl die Malenden nicht selten behaupten, überhaupt nicht malen zu können. Das innere Feuer braucht keinen Könner –

es offenbart sich, wenn ein Mensch anfängt, dem eigenen Impuls zu folgen, und bereit ist anzuschauen, was da in ihm steckt und hinaus will.

Ein anderer Weg, sich und seiner Wut auf die Spur zu kommen, ist der Weg über den Körper. Wenn wir anfangen, unseren Körper wieder zu spüren, bringt er alles an den Tag und ins Bewusstsein. Manchmal reicht es, ihn einfach nur wahrzunehmen mit aller Offenheit für uns selbst, die uns zur Verfügung steht. Doch sich selbst gegenüber offen zu sein ist nicht immer leicht. Zu viele ablehnende Einstellungen uns selbst gegenüber hindern uns. Es hindert uns die Angst vor dem, was da fühlbar wird. Wir glauben, es nicht tragen oder ertragen zu können. In einem solchen Fall hilft eine körpertherapeutische Begleitung, die über diese Ängste und Blockaden einfühlsam auf dem Weg zu sich selbst hinweghilft.

Viele verschiedene Methoden der Körperwahrnehmung können dienlich sein, sich den Körper wieder auf neutrale Weise zu Eigen zu machen und sich besser zu spüren.

Manchmal aber scheint es so, dass das Hinspüren nicht wirklich reicht. Wenn Gefühle so stark angestaut sind, dass jemand sagt, er spüre nichts, kann es sinnvoll sein, in den Ausdruck zu kommen. Diejenigen, die in einem deprimierten und hoffnungslosen Zustand das Gefühl haben, da sei nichts mehr in ihnen fühlbar, sind in Wirklichkeit nicht leer, sondern oft viel zu voll von all den festgezurrten und festgehaltenen Gefühlen. Diese werden erst dann wieder spürbar, wenn es ein Ventil gibt, eine Tat.

Immer mehr Jugendliche beginnen in einem solchen Zustand, sich zu schneiden oder zu ritzen. Dies ist ein Versuch, sich wieder zu spüren. Aber die Richtung ist falsch. Sie führt in die Selbstzerstörung. Ein möglicher Akt, der den Stau nach außen bringt, kann in einer therapeutischen Situation die Gefühle wieder spürbar werden lassen und zunächst etwas Erleichterung verschaffen. Die Stimme erheben, laut sein, schreien, stampfen, schlagen oder kämpfen und ringen. Das sind – unter der Rahmenbedingung eines therapeutischen Schutzraums – adäquate Möglichkeiten, sich wieder ins Gespür zu bekommen. Auch Selbstverteidigungssportarten bieten einen friedfertigen und angemessenen Rahmen für solche Prozesse. Eine therapeutische Aufarbeitung bezieht jedoch mehr den emotionalen Gehalt des Problems mit ein und ist sicher notwendig, wenn die Anzeichen der Problematik ein alltagstaugliches Maß überschreiten. Auf jeden Fall gibt es Möglichkeiten, in einem geschützten Rahmen emotionales Gleichgewicht wieder zu erlangen und Frieden zu schließen mit den eigenen ungeliebten Schattenseiten. Dieser Frieden allein kann ein heilsamer und gesunder Weg sein, sich lebendig und frei zu fühlen. Vor dem Frieden mit dem anderen braucht es erst einmal den Frieden mit sich selbst.

Die Art, wie wir lernen, im Kontakt mit unserem Gegenüber unseren Ärger und unsere Wut auszudrücken, entscheidet darüber, ob wir auf dem Weg der Beziehungsklärung oder der Konfliktausweitung sind. Solange es um die Frage der Macht und des Sieges geht, oder gar darum, den anderen so zu verletzen, wie wir von ihm verletzt worden sind, bewegen wir uns in einer selbst aufgedrehten inneren Wutspirale, die die Wut verstärkt. Es ist wichtig, zu unterscheiden zwischen den Rache- und Zerstörungsimpulsen, die durch alte Wunden mit unserer Wut einhergehen, und unserem Anliegen, dem anderen etwas mitzuteilen. Sobald meine Wut dem anderen in aufrichtigem und mitteilendem Kontakt gezeigt wird, verringert sie sich in der Regel. Dabei fällt es im Allgemeinen schwer, die Verantwortung für unsere Gefühle ganz zu uns zu nehmen. In der aufgestauten Wut versuchen wir, den anderen für unseren als unangenehm empfundenen Zustand verantwortlich zu machen, wir weisen ihm die Schuld zu.

Es ist ein großer Unterschied, ob ich jemandem sage, dass ich wütend und ärgerlich auf ihn bin, weil ich mich durch seine Bemerkungen herabgesetzt, gekränkt oder gedemütigt fühle – oder ob ich ihm sage, er sei unverschämt und demütigend und benehme sich „von oben herab".

In den Übungen zur gewaltfreien Kommunikation nach Rosenberg spielt die Bedeutung der Ich-Botschaften eine große Rolle. Wer sich in Momenten seiner Wut darin übt, kann genau erkennen, wie weit er wirklich die Verantwortung für sein persönliches Erleben übernimmt. Wenn die vergeltende Verletzung des anderen im Vordergrund steht, dient der Ausdruck der eigenen Wut nicht der Mitteilung und der Klärung des Beziehungsgeschehens. Auch wenn wir selbst uns in den Rache- und Zerstörungsimpulsen annehmen und sie aus unserer Geschichte heraus verstehen können, ist der andere nicht für sie verantwortlich. Diese Unterscheidung setzt ein gutes Maß an Selbstwahrnehmung und Bewusstsein für das eigene Erleben voraus. Doch es gehört auch zum menschlichen Miteinander, dass wir gelegentlich die Grenzen überschreiten und andere verletzen, da wo wir uns selbst – oder vielleicht auch die persönlichen Grenzen des anderen – nicht wahrnehmen. Sich so etwas einzugestehen und eine Entschuldigung auszusprechen oder eine Wiedergutmachung anzubieten, ermöglicht ein lebendiges und versöhnliches Zusammenleben. Wir überschreiten Grenzen, und je deutlicher jeder seine Grenzen aufzeigt, desto besser lernen wir uns gegenseitig kennen und können voneinander lernen.

7. Heilsamer Raum

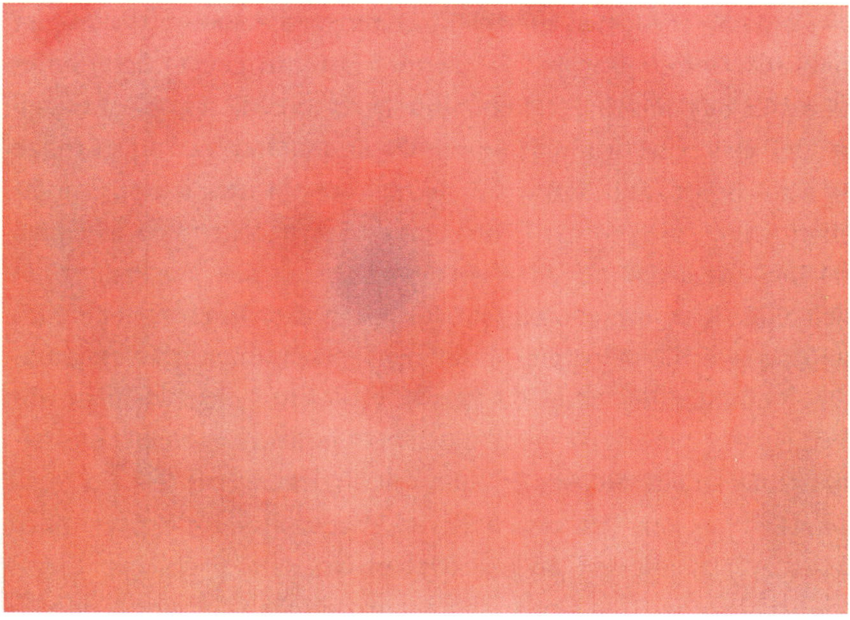

Der heilsame Raum entsteht da, wo Menschen in unmittelbaren Kontakt miteinander kommen. Er entsteht da, wo Bewusstsein vorhanden ist für den aktuellen Moment und die Offenheit, ihn ganz wahrzunehmen.

Eine Gruppensituation kann solch ein heilsamer Raum sein. Wenn Menschen sich gegenseitig zuhören, sich wahrnehmen und offen werden füreinander, wenn ein Klima entsteht, in dem jeder sich angenommen fühlt und sich zeigen darf, ist dies für jeden in der Gruppe heilsam. Eine therapeutische Gruppe oder eine therapeutische Gemeinschaft bietet einen solchen Raum. Das, was in jemandem vorgeht, mit dem er sich zeigt, wird zunächst vom Therapeuten ohne Bewertung angenommen. Im zunehmenden Verlauf der Gruppenzusammengehörigkeit kommt es dann auch zu immer mehr Offenheit der TeilnehmerInnen, zu immer mehr Verstehen dessen, was im anderen vorgeht, und zunehmend auch zu mehr Akzeptanz. Eine solche Gruppe bietet jedem eine Art Mütterlichkeit, im Sinne einer Mutter, die ihr Kind mit Liebe, Achtung und einer gewissen Güte betrachtet. Sie bietet Mütterlichkeit in dem Sinne, dass sich der einzelne frei entfalten kann in dem, was er mitzuteilen hat, was er wahrnimmt, empfindet und fühlt. Wenn eine Gruppe eine solche Qualität hat, wirkt sie heilsam auf den, der sich in ihr offen zeigt. Es kann ein bedeutsamer Schritt sein, sich in einem solchen Rahmen mitzuteilen mit einem Thema, das man bislang mit sich allein herumtragen musste, für das man sich schämt oder sich selbst abwertet. Wird die Mitteilung angenommen und mitgetragen, kann sich die öffnende Person vielleicht selbst wieder mehr achten und sich freier und selbstverständlicher fühlen. Das Versteckspiel ist vorbei. „Das Erleben, mit all dem, was in mir ist, angenommen zu sein von den anderen, macht es mir leichter, mich selbst zu akzeptieren“. So beschrieb es ein Mann nach einer therapeutischen Arbeit, in der er seine mörderische Wut einmal in vollem Ausmaß zeigen durfte.

Solch ein heilsamer Raum macht es uns leichter, unserem eigenen Schatten zu begegnen und wirft gleichsam ein gütiges und annehmendes Licht auf ihn, so dass er vielleicht etwas von seinem Schrecken verliert. Bei Licht betrachtet, löst sich so mancher Schatten auf und entpuppt sich als reiner Spuk. Wir hatten ihn mit unserem Versteckspiel selbst zum inneren Dämonen hochstilisiert. Manchmal zeigt sich, dass das, was wir selbst an uns so fürchterlich finden und zu verstecken suchen, uns sehr viel Zuneigung, Verständnis und Liebe von anderen einbringt.

Der heilsame Raum macht es möglich, dass wir uns selbst wieder mehr wahrnehmen und spüren, dass wir mehr bei uns selbst sein können, so wie wir in Wahrheit sind. Das ist ein sehr befreiendes Erlebnis. Auf symbolische Art kann in einem solchen Raum alles zum Ausdruck kommen an Gefühltem, das sich zeigen will und angenommen sein will. Gerade das Unerträglichste in uns, das Zerstörerische, will angenommen sein.

Es macht wenig Sinn, das, was in einem solchen Raum geschieht, zu Hause in seinem einsamen Kämmerlein zu produzieren, wenn es im Inneren Angst gibt, sich so auch anderen zu zeigen. Dann bekommt es eher einen Aspekt der Flucht und der Vermeidung. Das sich Mitteilen, das sich Zeigen ist hier von besonderer Bedeutung. Der heilsame Raum bietet Schutz und macht deshalb die Öffnung möglich. Der heilsame Raum bringt uns der eigenen Wahrheit näher. So wie eine wohlmeinende Mutter ihr Kind liebt, egal was es getan oder gefühlt hat, bietet dieser Raum eine solche ähnliche Dimension. Er entsteht letztendlich durch die ritualisierte Begegnung zweier oder mehrerer Menschen und einer Kraft, die größer ist als wir. Man mag sie Bewusstheit nennen, Lebenskraft oder die Kraft der göttlichen Weisheit. Es ist auf jeden Fall eine Kraft, die die Wahrheit und die Befreiung sucht, eine Kraft, die uns hilft, auf gute Weise und im Frieden zu leben. Wenn eine Begegnung im Vertrauen auf diese Kraft stattfindet und andere mit Offenheit und Annahme Anteil nehmen an dem, was geschieht, entsteht Heilung auch tiefster Verletzungen. Im zunehmenden Maß heilsamer Erfahrungen entsteht ein solcher Raum auch in einem Menschen selbst. Heilsame Erfahrungen bleiben eine Kraft, die jeder in sich trägt, um aus ihr heraus seinen Lebensweg und die darin sich befindenden Aufgaben zu lösen.

Ein therapeutischer Rahmen, der in heilsamer Weise wirkt, kann in einer guten Weise Unbewältigtes zum Vorschein kommen lassen. Viele Menschen plagen sich in großen Dimensionen mit Schuldgefühlen herum. Diesen Schuldgefühlen liegen unbewältigte Konflikte zugrunde gerade mit denen, die ihnen am nächsten stehen – oder standen. Sie leiden bewusst oder unbewusst an verdrängten Gefühlen. Der Unfriede mit anderen kann bis hin zu massiven Krankheiten führen. Ein heilsamer Raum weicht die festgefahrenen Gedanken- und Gefühlswelten auf und ermöglicht neue Erfahrungen und Sichtweisen. Ein heilsamer Raum gibt Gelegenheit, da sein zu lassen, was verdeckt gewirkt hat. Offen gelegte Prozesse innerhalb eines solchen mütterlichen und haltenden Raumes können tief greifende Wirkungen hinterlassen.

Einengende und bedrohliche Erfahrungen in früheren Jahren haben viele dazu gebracht, die eigenen Gefühle und Empfindungen – also letztlich die eigene Wahrheit und eigene Wahrnehmung der Situationen – zu leugnen, zu verdrängen oder umzudeuten, um das Überleben zu sichern. Die geschützte Atmosphäre einer therapeutischen Gemeinschaft oder einer therapeutischen Beziehung kann in diesem Sinne eine Chance bieten, die eigene Wahrheit wieder zu spüren, mit anderen zu teilen und sich selbst dadurch wieder mehr zu vertrauen. Durch eine solche Erfahrung wird es wieder möglich, sich selbst so zu erleben, wie man ist, sich so zu zeigen, wie man sich fühlt. Das, was in uns ein Schattendasein geführt hat, darf ans Licht – und in den meisten Fällen entpuppt sich der Schatten als ein Schatz, in dem all die Liebe enthalten ist, für die wir uns so verbogen haben, und in der all die Kreativität steckt, mit der wir – um zu überleben – jongliert haben. Wenn der Kessel all der festgehaltenen destruktiven Gefühle sich öffnet, zeigt sich auch die damit verbundene Lebenskraft und Lebenslust wieder. Der Prozess, den ein einzelner erlebt, wenn er diese in sich versteckten Seiten mit anderen teilt, sie vielleicht zum ersten Mal in seinem Leben wirklich bewusst zulässt, verschafft ihm die Möglichkeit, ganz gesehen und verstanden zu werden, wirklich für „wahr" genommen zu werden. Darin liegt die erlösende Kraft des heilsamen Raums.

So wie ein heilsamer Raum in und um jeden Menschen entstehen kann, so kann jede Begegnung oder auch Erfahrung in anderen förderlichen Gruppen diesen stärken. Es lohnt sich, heilsame Räume und Begegnungen aufzusuchen und mehr und mehr auch selbst zu gestalten. Damit eine Situation heilsam werden kann, ist es immer auch nötig, das eigene Herz zu öffnen.

8. Die Bedeutung der Versöhnung

Letztendlich wollen wir Frieden finden innerhalb unserer Beziehungen, aber allzu oft ist der Anspruch, sich schnell wieder zu versöhnen, vielen zum Verhängnis geworden.

Diejenigen, die zur Anpassung und zum Verständnis für den anderen neigen, geraten nur zu schnell in die Falle des Scheinfriedens. Wir können nicht wirklich Frieden schließen, wenn das Unrecht nicht benannt werden darf, wenn der Frieden auf Kosten unserer Wahrnehmung der Situation geht. Wir selbst müssen uns mit ins Boot nehmen, wenn wir Frieden schließen wollen, wenn wir Ruhe haben wollen vor all den Unstimmigkeiten und zerstörerischen Gefühlen. Indem wir sie leugnen oder schönreden, ist weder uns noch der Beziehung gedient. Es gibt zum Beispiel Paare, deren Bedürfnis nach Harmonie und friedlicher Ruhe so stark ist, dass sie mit den Jahren alle schwierigen Themen und Störungen vermeiden. Man spricht nur noch über das, was leicht geht und nicht zum Konflikt führt. Streits werden gemieden und man richtet sich ein in einer Welt ohne brisante Themen. Man stellt seinen Tages- und Wochenplan auf die Bedürfnisse des anderen ein, um schwierigen Diskussionen zu entgehen.

Eine junge Frau mit Essstörungen berichtete in einer Therapiestunde, dass sie oft am Nachmittag Hunger hatte, aber noch nichts aß, weil ihr Partner, der spät abends erst von der Arbeit kam, gern mit ihr zusammen essen wollte. Für sie war es eine Selbstverständlichkeit und ein liebevolles Entgegenkommen, wobei sie ihre eigenen Probleme völlig übersah.

Solche Selbstverständlichkeiten, über die dann selten gesprochen wird, führen zu Einschränkungen. Vieles ist nicht mehr möglich. Diese Art des Friedens geht auf Kosten der Gemeinsamkeit – sie stellt nicht etwa die erstrebte Gemeinsamkeit her.

Scheinlösungen verhindern Überraschungen und Lebendigkeit. Sie verhindern eine gesunde Spannung in der Beziehung und verbauen den Weg, miteinander wachsen zu können. Was übrig bleibt, sind oft zwei einsame Menschen, deren Beziehung jeder Erotik entbehrt und deren Kommunikation „sicher" aber langweilig ist, denn jeder Impuls, der zu einer „spannenden" Auseinandersetzung führen könnte, wird ja unterdrückt. Jeder von beiden bringt auf seine Art Opfer, verzichtet auf eigene Wünsche, um den anderen nicht zu beunruhigen, verschweigt Verletzungen, um einen Streit zu vermeiden, und wird immer weniger er selbst. Was übrig bleibt, sind einschätzbare Verhaltensweisen – zwei sich selbst unterdrückende Personen in einem harmonischen Gefängnis.

Diese karikierende Beschreibung hört sich hart an, ist aber vielfach Realität. Und zwar deshalb, weil wir ja alle diesen Wunsch nach Frieden und harmonischen Beziehungen in uns tragen. Gerade wer in nahen Beziehungen schon früh unter Störungen und Verletzungen leiden musste, sehnt sich besonders danach. Wir sehnen uns alle nach Liebe und wissen oft nicht, wie wir sie herstellen können, was wir tun oder lassen sollen, damit unsere Beziehungen stimmen, damit sie als befriedigend erlebt werden. Wir wählen Strategien, die unter Umständen genau das Gegenteil bewirken, und wissen nicht, wie wir aus diesem Dilemma herauskommen können. Aber sicher ist: Konfliktvermeidung ist nicht der Weg, auf dem dies gelingt, denn die unterdrückten Gefühle, die aus den Enttäuschungen und Verletzungen heraus entstehen, blühen im Verborgenen und melden sich zur (un-)rechten Zeit. Sie schlagen uns ein

Schnippchen und stehen uns umso mehr im Weg, je mehr wie sie zurückweisen.

Wir kommen an unseren Gefühlen nicht vorbei. Denn wie sich versöhnen, wenn in Wirklichkeit der Bauch schmerzt und der Kloß im Hals immer dicker wird? Wie sich versöhnen, wenn man sich kaum vorstellen kann, dem anderen offen in die Augen zu sehen? Wie sich versöhnen, wenn es immer noch weh tut? Wie sich versöhnen, wenn wir uns im Recht fühlen und das Unrecht nicht wirklich dulden wollen? Ohne eine Beachtung unseres wahren inneren Zustandes können wir den Schritt in die Versöhnung nicht gehen. Wir tun oft so, als sei alles in Ordnung, um des lieben Friedens willen – aber in Wahrheit fühlen wir diese Ordnung nicht. Sie kann erst wieder hergestellt werden, wenn es einen Ausgleich gibt, wenn das, was uns fehlt, in irgendeiner Weise erbracht wird, wenn das, was uns aufgebürdet wurde, wieder abgegeben wird.

Die Wut kann da ein weiser Ratgeber sei. Sie zeigt uns an, wo wir stehen und wie es in uns aussieht. Erst wenn wir unseren Ist-Zustand anerkennen und ernst nehmen, können wir etwas tun, das uns dem Frieden näher bringen kann.

Nehmen Sie sich einen Moment Zeit und nehmen Sie wahr, wie Sie sich jetzt in diesem Augenblick gerade fühlen. Vielleicht sind Sie angeregt durch einige Beispiele dieses Buches, vielleicht auch aufgewühlt, vielleicht aber auch gelassen und ruhig, weil Ihnen schon Lösungen für Ihre eigenen Beziehungsprobleme eingefallen sind.

Ganz gleich, was gerade in Ihnen vorgeht, nehmen Sie sich für einen Moment einfach in Ihrem Körper wahr. Wie fühlen sich Ihre Füße und Beine an? Vielleicht machen Sie es sich noch etwas bequemer. Wie fühlt sich Ihr Bauch an? Und wie Ihr Rücken? Wie schnell oder langsam geht Ihr Atem? Nehmen Sie eine entspannte Haltung ein und versuchen Sie insbesondere einmal, Ihren Brust- und Bauchraum wahrzunehmen. So als machten Sie in diesem Moment eine Bestandsaufnahme Ihres körperlichen Zustandes. Schließen Sie nun die Augen und lassen Sie sich ein wenig Zeit, sich einen Menschen vorzustellen, mit dem Sie Schwierigkeiten haben, vielleicht einen Menschen, der Sie enttäuscht oder verletzt hat, einen Menschen, auf den Sie ärgerlich sind oder waren. Setzen Sie ihn in Ihrer Vorstellung direkt vor sich, schauen Sie ihm in die Augen. Erinnern Sie sich an das, was er Ihnen angetan hat, und versuchen Sie dabei ganz aufmerksam wahrzunehmen, was in Ihrem Körper geschieht.

Verändert sich etwas an Ihrem Empfinden, wenn Sie sich in der Vorstellung mit diesem Menschen konfrontieren? Wo in Ihrem Körper spüren Sie Ihre Gefühle? Vielleicht fällt Ihnen etwas ein, was Sie aus diesem Empfinden heraus der anderen Person am liebsten sagen würden, falls Sie sich trauen würden. Nehmen Sie wahr, was für eine Botschaft das wäre. Geben Sie sich nicht mit Fragen an den anderen zufrieden, sondern teilen Sie ihm auch mit, wie es Ihnen geht und was Sie ihm sagen wollen. Nehmen Sie bei alledem Ihre Körperempfindungen wahr und übernehmen Sie die Verantwortung für Ihre Gefühle. Am Ende entlassen Sie die Person wieder ganz bewusst aus Ihrer Vorstellung und machen sich klar, dass die Person jetzt nicht wirklich anwesend ist.

Eine solche innere Besinnung kann uns Aufschluss darüber geben, wo wir innerlich wirklich stehen in Bezug auf diese Person und welche Gefühle und Botschaften, die noch nicht mitgeteilt sind, dem Frieden im Wege stehen. Hier können Sie auch feststellen, ob es eher etwas ist, was Sie in Bezug auf diesen Menschen vermissen beziehungsweise nicht bekommen haben, oder ob Ihnen etwas zugefügt wurde, ob etwas Sie verletzt hat.

Im ersten Fall wird es dann vor allem wichtig, dass Sie sich mit Ihren Wünschen befassen und sie ernst nehmen. Im zweiten Fall geht es vielleicht darum, dass ein Unrecht benannt werden muss, dass Verantwortung oder Schuld zurückgegeben werden sollte. Schuldgefühle stehen nur zu häufig dem Frieden im Weg. Manchmal verbirgt sich hinter unserem Schuldgefühl die eigentliche Wut. Häufig ist es auch so, dass wir aus verschiedenen Gründen Schuld auf uns genommen haben, die nicht unsere ist, sei es aus Liebe, sei es aus Angst.

Wenn wir Frieden wollen, ist es gut, uns selbst gegenüber offen zu sein und der eigenen Wahrheit ins Auge zu blicken. All die Gefühle in uns, die da sind, dürfen auch da sein. Es ist sinnlos zu zensieren. All das was in uns steckt ist ja in irgendeiner Weise dahin gekommen und hat auch einen Sinn. Wenn wir anfangen, uns selbst und unseren Empfindungen und Gefühlen wieder zu vertrauen, haben wir eine echte Chance, reinen Tisch zu machen. Wir räumen quasi zuerst einmal in uns selbst auf, nehmen uns selbst ernst. Vielleicht geht dabei das eine oder andere Bild von uns in die Brüche – wenn wir zum Beispiel geglaubt haben, dass wir selbst nie so bösartig sein könnten wie unsere Peiniger, dass wir besser seien als andere, dass in uns keine zerstörerischen, vernichtenden oder mörderischen Impulse seien.

Auf dem Boden meiner Erfahrungen in therapeutischen Gruppen und therapeutischer Einzelarbeit glaube ich persönlich nicht daran, dass wir uns in unseren Grundgefühlen sehr unterscheiden. Auf einer bestimmten Ebene sind wir da alle gleich. Der eine weiß nicht, wie er damit umgehen soll und ist wie getrieben im Gefängnis von jemandem, der zerstören muss, der Gewalt anwenden und um sich schlagen muss. Der andere sitzt im Gefängnis des Gefühls, Opfer zu sein, das Gewalt erfährt, und verleugnet die rachsüchtige Seite; er gewinnt die Oberhand dadurch, dass er die anderen zu Schuldigen macht und verurteilt. Somit setzen sich alle ins Gefängnis und können sich nicht wirklich verständigen. Die „Täter“ verleugnen ihre sanfte Seite, die „Opfer“ ihre aggressive.

In einer therapeutischen Ausbildungsgruppe wurden wir einmal aufgefordert, beide Rollen – des „Täters“ und des „Opfers“ – im freien Kontaktraum für einen längeren Zeitraum einzunehmen und auszuagieren. Alle TeilnehmerInnen waren nette, liebenswürdige und prima vista anständige Menschen. Dennoch hatten wir nach wenigen Minuten ein ziemliches Gemetzel. Alle zerstörerischen Elemente des alltäglichen Beziehungslebens waren wie verdichtet innerhalb kürzester Zeit auf dem Tisch. Ich selbst hatte damals noch mehr Schwierigkeiten, die Täterrolle einzunehmen, wagte mich aber dennoch damit nach außen. Am Ende der Erfahrungseinheit war ich sehr überrascht. In der Täterrolle hatte ich mich wesentlich ohnmächtiger gefühlt als in der Opferrolle. Den Gewinn der Schuldzuweisung und den Gewinn daran, das Leid zur Schau zu stellen, hatte ich unterschätzt. Als Täter fühlte ich mich ausgelieferter, wie unter einem Zwang. Ich war sehr erstaunt über dieses Erlebnis. In der therapeutischen Arbeit höre ich nun feiner hin, wenn jemand seine Aggressionen wenig bei sich halten kann und damit häufig andere verletzt. Nicht selten leiden diese Menschen unter tiefen Schuldgefühlen, die ihnen noch mehr Zorn einbringen. Das kann wie ein Teufelskreis erlebt werden, der immer weiter in die Zerstörung führt und liebevolle Erfahrungen ganz und gar ausblendet. Ich höre auch genauer hin, wenn jemand sein Leid benutzt, um sich zum Besonderen zu machen, wenn der Mensch die einzige Chance, seinen wirklichen Schmerz der Verletzung nicht zu spüren, darin sieht, anderen Schuldgefühle zu machen, und sei es durch Leidensverlängerung – ein Versuch, der Ohnmacht doch noch eine machtvolle Seite abzuringen. Auch das ist zerstörerisch, und eine solche Seite sehen wir nicht gerne an uns. Wenn in einem Konflikt das Thema eigentlich die Macht ist, wenn es immer noch darum geht, Macht über den anderen statt über sich selbst zu bekommen, stehen wir dem Frieden selbst im Weg. Friedliche Beziehungen schaffen wir, wenn wir die Eigenmacht, die uns vielleicht an irgendeiner Stelle unseres Lebens abhanden gekommen ist, wiedererlangen und damit frei sind für klare und offene Beziehungen. Die eigene Kraft und die eigene Macht haben mit der Anerkennung zu tun, die wir bereit sind, uns selbst zu geben. Es geht um die Annahme unserer selbst; letztendlich geht es um die Liebe, die wir uns zugestehen und uns geben wollen. In dem Augenblick, in dem wir uns geliebt, gehalten und gesehen fühlen, verliert die Macht unseres vermeintlichen Gegners seine Größe. In einem solchen Moment können wir einen neuen Weg beschreiten. Auch in einer verletzten Beziehung ist es dann möglich, dass der andere seine Bedrohung verliert und auf neue Weise gesehen wird. Es ist allerdings nie gut, diesen versöhnlichen Schritt zu früh zu tun. Die Anerkennung der Störung ist immer eine Voraussetzung für eine wirklich befreiende Versöhnung.

DRITTER TEIL

KONFLIKTBEWÄLTIGUNG IST FRIEDENSARBEIT

1. Christliche Kultur, Erziehung und unsere Haltung zur Aggressivität

Wir leben in einer Gesellschaft, die Aggression weitgehend verurteilt. Mit der Verurteilung solchen Verhaltens geht die Verurteilung der Menschen einher, die „aggressiv“ sind. Das ist an sich schon ein Widerspruch, denn in der Verurteilung ist eine gute Portion Aggression enthalten. Diejenigen, die die vermeintlich Aggressiven ver-urteilen, sind im selben Augenblick aggressiv und verurteilen – häufig unbewusst – in diesem Moment nicht nur die anderen, sondern auch sich selbst.

Besonders der körperliche oder lautstarke Ausdruck aggressiver Emotionen wird als „animalisch, primitiv, unkultiviert“ entwertet. Häufig hört man bei lautstarken Auseinandersetzungen: „Bleiben Sie doch bitte sachlich“, oft mit einem abwertenden Ausdruck in Mimik und Stimme einhergehend. Übersetzt heißt ein solch „sachlicher“ Appell meist: So wie du dich verhältst, nehme ich dich nicht ernst, schaue auf dich herab, beurteile dein emotionales Beteiligtsein als niedrigwertig. Die Aggression des eigenen herablassenden Tons wird nicht wahrgenommen. Der gesellschaftliche Konsens darüber, dass der, der „schreit, unrecht hat“, ermöglicht Aggression in Form von Entwertung, Verurteilung, Missachtung und Ignoranz. Derjenige, der sich mit all seinen Gefühlen zeigt, erfährt in diesem Kontext weniger Achtung.

Die Verletzungen und Demütigungen, die durch Verurteilungen und Entwertungen entstehen, sind jedoch nicht minder schwer als die, die anderen durch laute Wutausbrüche zugefügt werden. Wie kommt es dazu, dass wir so eine Art Übereinkunft darüber haben, dass versteckt demoralisierend-aggressives Verhalten gesellschaftsfähiger ist als offen ausgetragene Wut? Und dies geht zuweilen soweit, dass diejenigen, die die Klaviatur des Demoralisierens beherrschen, sich auf der sicheren Seite fühlen und sich im Unterschied zur anderen Gruppe als friedlich und sachbezogen erleben. Hier zeigt sich das Phänomen der Spaltung deutlich. Wie ist es möglich, dass wir, die wir alle eine gute Portion Aggressivität in uns tragen, so darauf aus sind, hier eine Art Zwei-Klassen-System einzurichten?

Fast möchte ich mit meinen Fragen noch weiter gehen, nämlich überprüfen, welche der beiden Aggressionsarten letztlich destruktiver ist. Eins ist sicher klar: Im Hinblick auf Konfliktlösung in unseren Beziehungen nutzt uns das Aussparen der Emotion wenig, und das gilt für Beziehungskonflikte im Privaten wie auch in beruflichen oder in offiziellen Zusammenhängen. Die Verbannung des Emotionalen ist der erste Schritt der Spaltung. Ganz gleich, ob die Aggression über einen langen Zeitraum mit hochgezogenen Augenbrauen signalisiert wird oder jemand einen Wutausbruch hat: Das Zerstörerische hat weniger mit der Form, sondern eher mit dem Bewusstsein für die eigene Tat zu tun. Ich glaube, dass gerade die Aggression, die der Täter nicht wirklich wahrnimmt, die wie unangebunden an sein Empfinden ist und damit auch seiner Verantwortung entgeht, am zerstörerischsten ist. Nicht die Wut und die Aggression sind das Problem, sondern die Verleugnung dieser Impulse. Friedensarbeit ist von daher dann möglich, wenn wir Bewusstsein und Verantwortung für unsere Gefühle entwickeln und lernen, mit ihnen sinnvoll umzugehen.

Wer Konflikte wirklich lösen will, muss runter von der Sachebene. Wer sich nicht mit Scheinlösungen und scheinbarem Frieden abfinden will, sondern ehrlichen und tiefen Frieden sucht, kommt ohne Selbsterforschung und Selbstwahrnehmung und ohne Verantwortung für die gesellschaftlich unbeliebten Seiten und Impulse in sich selbst nicht wirklich weiter. Die Sehnsucht nach Frieden mit den Menschen in unserer Umgebung, vor allem mit den Menschen, die uns nahe stehen, ist wohl allen gemeinsam. Dennoch erhalten wir in privater wie gesellschaftlicher Erziehung wenig Anleitung und Verständnis dieser Zusammenhänge.

Die christliche Kirche, in deren Tradition wir in unserem Kulturkreis alle stehen, benennt häufig das Ziel, den Frieden zu fördern. Zwar verliert sie immer mehr an Einfluss, aber ihre lange Tradition wirkt fort. Frieden und Versöhnung werden großgeschrieben. Doch es wird wenig erörtert, warum es heißt: die zweite Wange auch noch hinzuhalten, wenn die erste schon geschlagen wurde, sei die bessere Einstellung. Welche Haltung und welches Bewusstsein hinter einem solchen Verhalten stehen muss, damit es im Einzelfall einen Sinn ergibt, wird oft nicht verständlich. Ohne tiefere Erfahrungen des eigenen Seins und Wertes führt solch eine Handlung dann doch eher zum Duckmäusertum, zur devoten Anpassung und Unterwürfigkeit, zum Scheinfrieden und letztendlich zu aufgestauter Wut und Aggression bei dem, der sich unterwirft. Sie beendet nicht den Kreislauf der Zerstörung, sondern nährt ihn eher. Das Gebot der Nächstenliebe verliert seine große Kraft immer dann, wenn die Liebe für die eigene Person fehlt. „Liebe deinen Nächsten wie dich selbst" zeigt auf, dass es für diese Liebe eine klare Voraussetzung gibt, nämlich die Selbstliebe. Viele Menschen, die sich darin geübt haben, ihre eigenen Wut- und Hassgefühle zu verurteilen, zu verdrängen oder nicht zu zeigen, tun dies im vermeintlichen Glauben, damit zum Frieden beizutragen. „Um des lieben Friedens willen gebe ich klein bei". Wer hat sich nicht selbst schon dabei ertappt? Doch wenn das zu häufig praktiziert wird, nur weil einem ein anderer Weg unmöglich erscheint, bewirkt es meistens das genaue Gegenteil – ich kann dann nämlich nicht wirklich eine freie Entscheidung darüber treffen, ob ich auch mal etwas „gut sein lassen“ will oder ob ich die Störung anspreche. Es verursacht Unfrieden mit sich selbst. Ein solches Verhalten beschädigt die Selbstachtung. Gerade diejenigen, die sehr harmoniebedürftig sind, müssen dann feststellen, dass sie als Folge ihres Verhaltensmusters unzähligen Konflikten mit anderen ins Auge sehen, denn der eigene innere Unfrieden zieht den Unfrieden in der Außenwelt nach sich.

Wenn wir aber davon ausgehen, dass Frieden ein grundlegendes menschliches Bedürfnis ist, dann braucht es wohl eher klar definierte Wege, die jeden Menschen in seinen Gefühlen, Empfindungen und Impulsen achtet, um Streits in einer Weise zu beenden, die niemanden zum Verlierer oder Gewinner macht. In einem wirklich gelösten Konflikt erfahren beide Seiten Raum und Achtung ihres Erlebens. Und die natürlich auftretenden Gefühle von Wut und Ärger haben dort ebenso ihren Platz wie alle anderen Empfindungen und Wahrnehmungen der Situation auch. Solange ein Unrecht nicht benannt und der Schmerz, die Enttäuschung oder die Wut nicht ausgedrückt werden konnten, ist ein Friedensangebot oft nicht wirklich auf der ganzen Linie durchzuhalten. Irgendwann melden sich diese Gefühle wieder.

Sucht man im Bereich christlicher Anleitung nach Hinweisen für den Umgang mit Aggression, ist es vielleicht auch sinnvoll, sich selbst auf die Suche nach Geschichten und Ereignissen zu machen, die im Rahmen des Neuen oder Alten Testaments überliefert wurden. Vielleicht ist es nicht unbedingt die Kirche als Institution, die im Hinblick auf Frieden ein guter Ratgeber ist, hat sie doch einiges an Zerstörung, Verleugnung und Gewalt in ihrer Geschichte aufzuweisen. Ich selbst lese gern die Geschichte, in der Jesus sich nicht zurückhält mit seiner Wut, als es um die Verteidigung seines Raumes, der Kirche, ging. Hier hält er sich keineswegs mit seinem Unmut zurück. Er zeigt seine Grenzen deutlich und unmissverständlich auf und wirft diejenigen aus der Kirche, die in seinen Augen den heiligen Raum (seinen Raum) durch ihr Verhalten missachtet haben. Er greift zur Tat und setzt laute und deutliche Zeichen. Wütend werden und die eigenen Grenzen deutlich setzen ist kein Zeichen von Unchristlichkeit. Es kann durchaus eine friedliche Situation wieder herstellen.

2. Das Erbe des Krieges

Nicht nur die christliche Tradition, sondern auch die Folgen des Krieges bestimmen und beeinflussen unsere Erziehung und unsere Haltung zur Aggression. Das Erbe des Krieges prägt unmittelbar unsere Zeit. Viele Menschen, die das Grauen des Krieges und der Gewalt am eigenen Leib erfahren haben, die massive Verluste an geliebten Menschen, an Heimat und an Hoffnungen erlitten haben, mussten in irgendeiner Weise mit diesen Erfahrungen erschreckender Zerstörung fertig werden. Wie soll ein Mensch wirklich verstehen, dass es ehrenhaft und anerkennenswert sein soll, mit kriegerischen Parolen in den Krieg zu ziehen, das Land und die Menschen anderer Völker zu zerstören und gleichzeitig am eigenen Leib und an der eigenen Seele zu erleben, wie grauenhaft, zerstörerisch und unmenschlich diese aggressive Gewalt sich anfühlt.

Auch solche Erfahrungen können eigentlich nur „bewältigt“ werden, indem man spaltet in „die anderen“ und „wir“, indem man also unterscheidet und das eine rechtfertigt, das andere verurteilt. Spaltung ist der Freund des Unfriedens und des Krieges – im Kleinen wie im Großen. Viele Menschen waren im Krieg Täter und Opfer zugleich. Und um daran nicht zu zerbrechen, haben viele die eigenen Taten und Erlebnisse verdrängt und versucht zu vergessen. Sie haben versucht, den Schmerz oder auch die eigene Verantwortung und die eigenen Taten zu verdrängen und die eigene Schuld zu vergessen oder zu verleugnen. Es war ein menschlicher Versuch, trotz des Wahnsinns weiterzuleben. Für die Aufarbeitung all dessen, was im Krieg geschehen war, gab es wenig Zeit. Wer überleben wollte, war aufgerufen, sich in die Aktivität zu stürzen und den Wiederaufbau des Zerstörten voranzutreiben.

In solchen krisenhaften Zeiten erlaubt es die menschliche Psyche, Schreckenserfahrungen so weit in den Hintergrund des Bewusstseins zu verlagern, dass sie für eine Weile ruhig sind. Diese Fähigkeit hilft uns, Gewalt und Krisen zu überleben. Die Kinder der Kriegsgeneration wissen häufig wenig über die Erfahrungen ihrer Eltern aus dieser Zeit. Diejenigen, die etwas wissen, haben manchmal schwer daran zu tragen und stehen fassungslos vor diesen Geschichten. Wenn Kinder von Kriegserfahrungen ihrer Eltern sprechen, breitet sich oft eine lähmende und schwere Düsternis im Raum aus. Hilflosigkeit und Ohnmacht werden fühlbar. Besonders diejenigen, die wenig oder gar nichts wissen, tragen am Erbe des Krieges. Vielleicht haben solche Kinder ihre Eltern arbeitsam und strebsam erlebt, fürsorglich und auf das Wohl und den Erhalt der Familie bedacht. Es ging um die Wiederherstellung der Ordnung, zunächst einmal auf der äußeren Ebene. Hausbau, Geldbeschaffung, ein Ruf der Rechtschaffenheit, das waren Werte, gegen die nichts einzuwenden ist – ein Versuch, den Betrug des Krieges hinter sich zu lassen. Die Emotionen der Eltern waren kein Thema. Sensible Kinder ahnten oder fühlten, wie es den Eltern im Innern ging. Vielleicht waren die Kinder manchmal verwirrt und verunsichert, wenn Worte und Befinden der Eltern nicht übereinstimmten. Gerade das Ausgesparte wirkt in den Kindern weiter. Auftauchende Kraft von Kindern, lautes, willensstarkes Geschrei konnte für kriegstraumatisierte Eltern eine wirkliche Bedrohung sein. Stand ein Junge mit Holzgewehr vor seiner Mutter, standen nicht nur er, sondern vielleicht auch das Grauen des Krieges im Raum, der Schmerz, die eigene Wut, all das, was nicht gefühlt werden sollte. Die Abwehr und die Angst der Mutter, die das Kind dann vielleicht zu spüren bekam, galt nicht nur ihm – ohne dass das Kind dies wirklich verstehen konnte. Existenzielle Ängste, die im Krieg durch Bombenalarm oft zur Tagesordnung gehörten, haben eine ganze Generation und ihren Umgang mit Gefühlen beeinflusst, vor allem mit denen, die aggressiv anmuten. Deshalb ist es sinnvoll, sich einmal zu fragen, in welch einem emotionalen und sozialen Klima man aufgewachsen ist, welche Gefühle und welche Kontakte und Aktivitäten erlaubt waren und welche verboten waren, welche Werte vermittelt wurden und welche Themen nicht zur Sprache kamen. Erst die Generation „danach" hat wieder den Raum und die existenzielle Sicherheit, sich mit dem Verdrängten, der Schuld, dem Verlustschmerz und den unerlösten Gefühlen der Eltern und dessen Folgen zu beschäftigen. Nur so können wir uns befreien von der Last, die wir von unseren Eltern übernommen haben, indem wir sie wahrnehmen, anerkennen und unterscheiden lernen. Es tut gut und entlastet, zu wissen, was das Eigene und was das Übernommene ist. Gerade das, was uns so selbstverständlich erscheint, prägt uns tief und ist in Wirklichkeit oft nur ein Konzept, eine Überlebensstrategie, eine übernommene Einstellung einer bestimmten Zeit.

Je weiter sich die Generationen vom Kriegserleben entfernen, desto mehr verändern sich auch die Themen und Probleme, die im Zusammenhang mit Macht, Ohnmacht, Wut und Aggression stehen.

Ich selbst bin in den sechziger Jahren aufgewachsen und erfuhr von den Kriegsaktivitäten meiner Eltern und Großeltern relativ spät. Großmutter und Großtante berichteten von den Aktivitäten der Männer und der Brüder: „Sie waren alle bei der Wehrmacht, stolze Uniformträger." Sie zeigten mir Bilder, und ich hatte den Eindruck, dass eine Uniform noch immer etwas Besonderes wäre. Auf meine erschreckte Reaktion bekam ich zur Antwort: „Bei uns auf dem Land gab es nichts anderes. Wir waren alle bei den Nazis." Das war eine eindrückliche und einfache Erklärung, und dies, obwohl die Ehemänner und auch die Brüder, die in den Krieg gezogen waren, nicht zurückkehrten.

Ich erfuhr von großen Entbehrungen nach dem Krieg. Meine Großmutter hatte den Tod ihres Mannes nicht schriftlich verankern wollen. Er galt als vermisst. Sie erhielt ohne diese Todesbescheinigung weniger Rente. Ich kann nur ahnen, wie sehr und wie lange sie gehofft hat. Ich hörte nie ein Wort des Ärgers oder der Wut über die Grauen eines Krieges, das Naziregime oder die Kriegswilligen. Ich sah keine Tränen und hörte nichts über Leid und Schmerz. Meine Großmutter versuchte es mit Humor. Ich hörte Geschichten von nächtlichen Streifzügen auf den Feldern der Bauern, um Steckrüben fürs Überleben zu finden. „Hamstern" nannte man das, und wenn die mütterliche Familie darüber sprach, wurde herzlich gelacht.

Auch mein Vater sprach wenig bis gar nicht über den Krieg. Erst kurz vor seinem Tod, vielleicht in der Rückschau auf sein Leben, berichtete er mir, dass er in Frankreich am Krieg teilgenommen hatte. Im Zeitraum der Gefangennahme hatte er sich im heimischen Wald versteckt. Ich war überrascht über diese Eröffnung. Sie zeigte eine neue Seite an ihm, die mich anrührte und mein Bild von ihm runder machte. Doch über Gewalt, Todesnähe, Schrecken habe ich trotzdem wenig gehört. Von seiner Angst konnte ich nur vage etwas erahnen. Seine Erzählung hatte etwas von Stolz und Witz – aber ich kann mir nicht vorstellen, dass er sich ohne Furcht und immer auf der Hut tagelang im Wald aufgehalten hat. Was Krieg wirklich bedeutet, davon habe ich keine wirkliche Vorstellung.

Wo sind all diese nicht sichtbar gelebten Emotionen aus Kriegserlebnissen geblieben? Das Schweigen über die Grauen des Krieges war nicht nur ein Phänomen in meiner Familie. Es ist ein Thema einer ganzen Generation. Und diese unerlösten inneren Konflikte der älteren Generation haben sich fortgesetzt als Bewältigungsthema für die nächste.

Die Kinder der neuen Generation haben, was den Umgang mit Gefühlen angeht, wieder ein anderes Erbe zu tragen. Bei Begegnungen mit jungen Menschen dieser Generation fällt auf, dass es häufig an äußeren und klaren Grenzen in der Erziehung fehlte und noch immer fehlt. Viele leiden daran, die eigenen Eltern als schwach zu erleben. Sie mögen ihre Eltern zwar, haben viel Verständnis und sind eher frei und offen erzogen. Den Gefühlen eigener Aggression fühlen sie sich dagegen hilflos ausgeliefert. Sie verstehen ihre Eltern nicht selten als „beste Freunde", gegen die man nicht kämpfen darf, und nicht als Autoritäten, aus deren Machtbereich sie sich befreien wollen. Sie wissen nicht, wie sie mit ihrer eigenen Kraft umgehen sollen. Ihnen fehlt das Gegenüber, an dem sie ihre Kraft messen und erspüren können. Sie fallen ins Leere und erleben Überforderung und Orientierungslosigkeit. Aggressionen richten sie oft gegen sich selbst, denn die Eltern sind zu lieb und zu nah, als dass sie bekämpft werden könnten. Selbstzerstörerische Handlungen haben bei Jugendlichen Hochkonjunktur. Der Krieg, der hier geführt wird, ist ein Krieg gegen sich selbst, und das auf oft sehr heftige Weise. Verstümmelung durch körperliche Gewalt gegen sich selbst beim Schneiden und Ritzen, Verhungern durch die Verweigerung des Essens, solche Art der Kriegsführung nimmt zu, und die Zahl derer, die das nicht überleben, steigt. Jedes dritte Mädchen zwischen 11 und 15 Jahren leidet in Deutschland an einer Essstörung.

Doch ganz gleich, mit welchen Werten und Handlungskonzepten wir in unserer Generation erzogen werden, der Weg zur eigenen Kraft und zu guten Beziehungen geht immer über die Frage nach der eigenen Wahrheit. Ganz gleich, was Eltern, Erzieher und gesellschaftliche Werte einer bestimmten Zeit uns anbieten, die Wahrheit des eigenen Erlebens bringt immer Licht ins Dunkel, sofern es uns vor lauter ungelösten Konflikten im eigenen Leben dunkel, undurchschaubar und hoffnungslos vorkommt. Die kulturellen Gegebenheiten prägen eine ganze Gemeinschaft, eine bestimmte Zeit und ihre Bedingungen. Es ist immer aber auch einzigartig und individuell, in welche Position wir in diese Gemeinschaft hineingeboren wurden. Niemand nimmt die Gegebenheiten auf dieselbe Art und Weise wahr, wie gerade der, der sie aus dieser Perspektive erleben darf. Niemand kann wirklich das wahre Erleben des anderen ermessen. Wir können zuhören, aufnehmen und wiederum wahrnehmen, was ein anderer uns von seinem Erleben berichtet. Und diese gefühlte Wahrnehmung dessen, was wir erleben, ernst zu nehmen, gibt uns die Basis, uns selbst zu verstehen und stimmige Entscheidungen für unser Leben und unsere Beziehungen zu treffen. Es geht darum, den eigenen inneren Regungen zu trauen, die eigene Wahrnehmung der Situation bewusst zu erleben und daraus zu handeln. Je mehr Bewusstsein wir für uns selbst haben, desto leichter und klarer können wir mit anderen kommunizieren. Zwei Kinder, die zeitgleich in derselben Familie aufwachsen, erleben sicher manches ähnlich, aber doch in ihrer ganz persönlichen Eigenart vieles auch sehr unterschiedlich. Sie fühlen anders, nehmen zu anderen Dingen, Personen und Details ihren eigenen Kontakt auf. Und nur aus diesem Erleben heraus können ihre Handlungen verstanden werden.

Gibt es dieses Bewusstsein für sich selbst nicht, ist es schwierig, sich zu entscheiden. Wir zweifeln uns selbst immer wieder an und geben der Wahrnehmung der anderen, zum Beispiel der Eltern und Lehrer, mehr Bedeutung als unseren eigenen Regungen und Impulsen. Wer sich als Kind die Sichtweisen der Eltern, die manchmal im starken Gegensatz zum eigenen Erleben stehen, zu eigen gemacht und über die eigenen Sichtweisen gestellt hat, weil die selbst erfahrene und wahrgenommene Wahrheit weh tut, verliert den Kontakt zu dieser eigenen Wahrheit. Wenn wir hören: „Das tut doch gar nicht weh", obwohl wir den Schmerz fühlen, den die Beule, die wir uns gerade angeschlagen haben, uns zufügt, fängt dieser Zweifel schon an. Wer hat denn nun Recht? Die Mutter, die in dem Glauben, sie könnte uns den Schmerz erleichtern, den Schmerz einfach negiert – oder wir, die wir ihn fühlen? Und wäre es nicht manchmal auch schöner, es täte wirklich nicht weh und die Mutter hätte tatsächlich Recht. Wie haben Sie reagiert?

Dies ist nur eine – noch dazu eine kleine – von so vielen Begebenheiten, in denen andere Menschen bestimmte Situationen völlig anders darstellten, als wir sie erlebten. Was ist denn aber meine Wahrheit? Diese gilt es immer wieder zu finden, jedes Mal wenn wir sie verloren haben, um das Eigene anzuerkennen.

3. Übungen im Alltag

Wahrnehmung und Bewusstheit

In den meisten Stunden des Tages leben viele Menschen in den Gebilden ihrer Gedanken und weniger in der gefühlten und empfundenen Wirklichkeit. Wenn Sie zu den Menschen gehören, die das Gefühl haben, Ärger und Wut gar nicht wahrzunehmen, sind folgende Übungen ein guter Einstieg:

1. Körperwahrnehmung

   Nehmen Sie sich Zeit, Ihren Körper wahrzunehmen. Wandern Sie mit Ihrer Aufmerksamkeit durch alle Körperteile und nehmen Sie die Empfindungen wahr. Fangen Sie bei den Füßen an. Wenn es Ihnen schwer fällt, bestimmte Körperteile wahrzunehmen, orientieren Sie sich an den Berührungsflächen Ihres Körpers, zum Beispiel den Auflageflächen des Körpers am Boden, wenn Sie liegen, oder den Berührungsflächen des Stuhls, auf dem Sie sitzen. Machen Sie diese Übung eine zeitlang täglich etwa 10 Minuten und schreiben Sie auf, was Sie wahrnehmen. Wenn Sie wiederholt feststellen, dass Sie sich nicht wahrnehmen, auch in der Berührung mit dem Boden oder den eigenen Händen nicht, sollten Sie mit einem Fachmann (zum Beispiel mit einem Therapeuten) darüber sprechen.

2. Gefühle (insbesondere Wut) im Körper wahrnehmen

Wenn Sie durch die Übung der Körperwahrnehmung ein aktuelles Gespür für sich und die täglichen Veränderungen bekommen haben, können Sie den Verlauf Ihrer Empfindungen bei wichtigen Emotionen bewusster wahrnehmen. Nehmen Sie deshalb zunächst Ihren Körper wie oben beschrieben wahr. Stellen Sie sich dann eine Person vor, mit der Sie zum Beispiel Konflikte haben, eine Person, die sich Ihnen gegenüber schlecht verhalten hat, und erinnern Sie diese schwierige Situation. Stellen Sie sich die Person vor und schauen Sie sie in ihrer Vorstellung direkt an. Während Sie sie ansehen, spüren Sie Ihren Körper. Was geschieht dort, was verändert sich im Hinblick auf diese Konfrontation und die Erinnerungen? Wo im Körper nehmen Sie Veränderungen wahr? Achten Sie besonders auf die Empfindungen im Bauch- und Brustraum. Wenn es um Wut und Ärger geht, spüren Sie auch in den Bereich Ihrer Kiefer, Ihrer Hände und Ihrer Beine. Auf diese Weise können Sie Ihre Befindlichkeit in Bezug auf bestimmte Menschen Ihres Lebensumfeldes besser und bewusster wahrnehmen. Sie lernen, die Signale Ihrer Gefühle schneller wahrzunehmen und einzuordnen. Geben Sie sich Zeit genug, wirklich hinzufühlen, was in Ihnen vorgeht.

Vielleicht tauchen auch Impulse auf, etwas zu tun oder dieser Person etwas zu sagen. Nehmen Sie diese Impulse ernst, auch wenn Sie sie nicht wirklich umsetzen wollen. Zunächst dienen diese Übungen dazu, dass Sie sich selbst erforschen.

3. Gefühle kreativ ausdrücken

Vor allem, wenn Sie in heftige Gefühle geraten, aber auch, um mit sich in Kontakt zu kommen, nehmen Sie Papier und Stifte zur Hand und drücken Sie sich mit Farben und Formen aus. Machen Sie sich bewusst, dass es hierbei nicht um Ästhetik oder Leistung geht, sondern um eine Möglichkeit, etwas auszudrücken und sichtbar zu machen, das in Ihnen emotional vorgeht. Besonders geeignet sind Ölkreiden, auch die, die verwischbar sind, aber Sie können auch einfache Wachsmalstifte nehmen – auch wenn Sie noch gar nicht wissen, was Sie ausdrücken wollen. Suchen Sie ein oder zwei Farben aus und beginnen Sie. Diese Übung kann gut an die oben beschriebenen Übungen angeschlossen werden. Sehen Sie sich das Bild nach einer Pause an und lassen Sie es auf sich wirken, ohne es zu bewerten. Nehmen Sie sich im Anschluss an das Malen in Ihrer Gesamtstimmung wahr.

4. Verantwortung für sich selbst übernehmen

Die Wahrnehmung unserer Gefühle dient dazu, uns selbst auf die Spur zu kommen. Es geht nicht darum, sie zu benutzen und andere damit zu manipulieren. Niemand ist verpflichtet, so zu sein, wie wir ihn uns entsprechend unserer Gefühle und Bedürfnisse wünschen. Unsere Gefühle sind immer auch mit unserer Bedürfnislage verbunden. Für diese sind wir jedoch zunächst als erwachsene Menschen selbst verantwortlich. Viele Klienten, die sich damit auseinandersetzen, wie sie in ihrer Beziehung ihren Ärger ansprechen könnten, sagen oft: „Das nutzt doch nichts; er/sie ändert sein/ihr Verhalten ja doch nicht.“ Eine solche Haltung führt in die Resignation. Es geht nicht darum, den anderen zu ändern. Unsere Gefühle können uns helfen, uns selbst besser zu verstehen. Sie sind Ausdruck unserer Bedürfnisse, unserer Grenzen, unserer emotionalen Befindlichkeit. Dass und wie wir dann unsere Grenzen setzen und unsere Wünsche äußern, ist ganz allein unsere Aufgabe. Ändern können wir unsere Haltung unserer eigenen Wut gegenüber und auch unseren Umgang damit. Es geht niemals um den Versuch, mit diesen Gefühlen den anderen zu ändern. Damit würden wir unsere eigenen Gefühle entwerten und den anderen auch. In der Selbstachtung liegt die Lösung des Problems, nicht in der Manipulation. Wenn wir einen friedlichen Umgang mit anderen wirklich wollen, müssen wir die Verantwortung für unsere Gefühle und unser eigenes Verhalten restlos übernehmen. Nur so können unsere Beziehungen wirklich befriedigend werden.

5. Bestandsaufnahme einer Beziehung

Wenn Sie einen Konflikt mit einer Person haben, der schon sehr lange währt, sich verfestigt hat oder Sie in verwirrende und belastende Zustände bringt, fügen Sie zu den oben genannten Erforschungsmöglichkeiten folgende Bestandsaufnahme hinzu:

Welchen Stellenwert hat diese Person für Sie in Ihrem Leben? Ist Sie Ihnen wichtig? Steht Sie Ihnen nah? Was genau bedeutet Ihnen das Verhalten dieser Person? Wie stark sind die Emotionen, die Sie empfinden, wenn Sie an die Begegnungen denken, die Sie mit dieser Person hatten?

(Vergleichen Sie die Beantwortung mit dem Stellenwert von anderen Menschen in Ihrem Leben.)

Beantworten Sie sich selbst dann folgende Fragen:

- Inwieweit hat die Person Ihre persönlichen Grenzen überschritten? (Sie verletzt, gedemütigt, beleidigt etc.?)

- Inwieweit haben Sie Wünsche an diese Person, die diese nicht beachtet oder erfüllt? (Schreiben Sie auf, was Sie sich von ihr wünschen würden.)

- Welche Verhaltensweisen der anderen Person machen Sie wütend?

Machen Sie sich Gedanken darüber, welche dieser Eigenschaften, die Sie wütend machen, auch Ihre eigenen Eigenschaften sind, oder ob Sie sie von anderen wichtigen Personen in Ihrem Leben kennen. (Wenn wir sehr heftige Emotionen entwickeln bei Menschen, die uns eigentlich nicht so nahe stehen, werden häufig alte verletzte Themen berührt mit Personen, die in unserem Leben sehr wichtig sind oder waren.)

Fragen Sie sich, ob Sie selbst wichtige Bedürfnisse oder Wünsche von sich nicht wahrnehmen, nicht ernst nehmen, die sie bei der oben angeführten Person benannt haben. Was könnten Sie für sich selbst in der momentanen Situation Gutes tun?

Wenn Sie die Bestandsaufnahme eine zeitlang wirken lassen, fragen Sie sich, ob es in Ihnen einen Impuls gibt, die oben angeführte Person um ein Gespräch zu bitten und ihr etwas mitzuteilen.

In einem klärenden Konfliktgespräch ist es immer sinnvoll, sich genug Zeit zu nehmen und es dem anderen auch vorher mitzuteilen, dass man mit ihm sprechen will. Das Gespräch sollte die Beschreibung der eigenen Befindlichkeit enthalten. (Ich ärgere mich über.., ich bin enttäuscht.., oder ähnlich.) Sollte ein sehr verletztes Thema in Ihnen berührt sein, scheuen Sie sich nicht, mehr von sich zu erzählen.

Das Gespräch kann enthalten, welche Wünsche man an den anderen hat.

Es ist sinnvoll, dem anderen gut zuzuhören, wenn er seine Befindlichkeit äußert.

In einem offenen Konfliktgespräch gibt es kein Ziel, außer dem, sich mitzuteilen und zu erfahren, ob der andere bereit ist, auf die eigenen Wünsche einzugehen. Niemand ist verpflichtet, sich so zu verhalten, wie wir das wollen. Die Gestaltung einer Beziehung entwickelt sich durch solchen Austausch.

Wenn ich Bedingungen stellen will, sollte dieser Machtanspruch klar geäußert werden, die Konsequenzen aufgezeigt werden und die Verantwortung für diesen Machtanspruch übernommen werden.

Trauen Sie sich, wirklich mitzuteilen, was in Ihnen vorgeht. Wenn es um Schwierigkeiten miteinander geht, neigen wir eher dazu, zu wenig als zu viel von uns zu sprechen.

6. Gemeinsam üben

Es ist sinnvoll, sich Unterstützung zu holen. Wenn Sie spüren, dass Ihre Gefühle aus der Bahn geraten oder Sie sich selbst in einen Zustand gebracht haben, in dem Sie gar nichts mehr spüren, sollten Sie sich nicht scheuen, therapeutische Hilfe in Anspruch zu nehmen. Sie dient auf jeden Fall der Entlastung und kann neue Impulse in Ihr Leben bringen. Die Auseinandersetzung mit sich selbst in einer Therapie kann einige Veränderungen bewirken.

Aber auch außerhalb therapeutischer Arbeit gibt es viele Initiativen und Angebote, die unterstützend sind auf dem eigenen Weg.

Im Folgenden zähle ich einige davon als Anregung auf:

Asiatische Kampfsportarten

zum Beispiel:

Aikido
Judo
Kendo
Jiu-Jitsu

Gruppen zur Einübung von gewaltfreier Kommunikation

Meditationsgruppen:

Achtsamkeitsmeditation

Klar strukturierte Meditationsanleitungen in alten Traditionen des Buddhismus

Meditationen unter Anleitung im Bereich christlicher Mystik

Gruppen zur Erhöhung der körperlichen Selbstwahrnehmung

zum Beispiel:

Yoga
Eutonie
Feldenkrais
Tai Chi
Chi Gong

Selbsterfahrungsgruppen:

Seminare und Workshops zu persönlichen Themen

Selbsthilfegruppen zu bestimmten Themen:

AA (Anonyme Alkoholiker)
EA (Emotions Anonymus)
OA (Overeaters Anonymus)
SHG für Menschen mit Essstörungen,
für pflegende Angehörige,
für Trauernde,
für chronisch Kranke

7. Sich selbst lieben lernen

Auf eine gute Weise Verantwortung zu übernehmen heißt, sich selbst zu mögen, sich anzunehmen und lieben zu lernen. Für viele Menschen bedeutet die Erkenntnis, dass nur eine solche Haltung befreiend auf verstrickte Beziehungen wirkt, einen großen Schmerz. Im Normalfall wenden wir ungeheure Energien auf, um andere dahin zu bringen, wo wir sie haben wollen. Wir glauben, nicht zufrieden sein zu können, wenn der andere uns nicht gibt, was wir brauchen, wenn der andere nicht so mit uns umgeht, wie wir uns das wünschen. Meistens wünschen wir uns von den anderen einen besseren Umgang als den, den wir uns selbst gegenüber gewohnt sind. Der andere soll uns von unangenehmen Gefühlen erlösen und glücklich machen. Diese Haltung führt in die Abhängigkeit und in die Manipulation. Es geht darum, sich selbst eine liebende Mutter, ein liebender Vater, ein guter Freund und eine gute Freundin zu sein. Wie liebevoll gehen Sie mit sich um? Wie gern mögen Sie sich? Lenken Sie Ihre Wahrnehmung einmal über einen längeren Zeitraum auf diese Frage. Kritisieren Sie sich selbst oft? „Da hätte ich doch etwas mehr tun können. Ich war wohl nicht wirklich freundlich. Ich bin wohl doch zu bequem, zu unattraktiv, zu, zu, zu…“ Mäkeln Sie gewohnheitsmäßig an sich herum? Die Wege der Selbstablehnung, der Selbstentwertung, ja auch der Selbstbestrafung sind zahlreich. In diesem Bereich gibt es viel zu tun. Fast immer lehnen wir uns in unseren aggressiven Gefühlen ab. Sie anzunehmen und zu achten, ohne sie manipulativ gegen andere oder uns selbst einzusetzen, ist für fast alle Menschen unseres Kulturkreises eine große Aufgabe. Es lohnt sich, sich selbst gegenüber freundlicher zu werden. Fangen wir damit an. Dann stellt sich eine

Freundlichkeit und Klarheit in Bezug auf andere nach und nach ein.

Hinweise zu weiterführender Literatur

zum Thema: Kommunikation

- Rosenberg, Marshall B.: Gewaltfreie Kommunikation, Paderborn 2002

- Schulz von Thun, Friedemann: Miteinander reden, Band 1-3, Hamburg 1981

zum Thema: Körperbewusstsein

- Alexander, Gerda: Eutonie – Ein Weg körperlicher Selbsterfahrung, München 1999

- Dürckheim, Karl-Friedrich: Hara, Bern/München/Wien 1983

- Feldenkrais, Moshe: Bewusstheit durch Bewegung, Frankfurt 1968

- Hausmann, Bettina & Neddermeyer, Renate: Bewegt Sein, Paderborn 1996

- Juhan, Deane: Körperarbeit, München 1997
- Rigdzin, Shikpo: Meditation und Achtsamkeit, 1999

- Schmeer, Gisela: Das sinnliche Kind, Stuttgart 1975

zum Thema: Psychologie und Psychotherapie

- Blankertz Stefan, Doubrawa, Erhard: Lexikon der Gestalttherapie, Wuppertal 2005

- Kast, Verena: Vom Sinn des Ärgers, Stuttgart 2005

- Croissier, Gertrude R.: Psychotherapie im Raum der Göttin, 2006

- Grof, Stanislav: Geburt, Tod und Transzendenz: Neue Dimensionen in der Psychologie, Hamburg 1991

- Schellenbaum, Peter: Aggression zwischen Liebenden, München 2002

zum Thema: Sexueller Missbrauch

- Ramin, Gabriele: Inzest und sexueller Missbrauch, Paderborn 1993

- Wirtz, Ursula: Seelenmord. Inzest und Therapie, Stuttgart 2005

Bildverzeichnis

ÜBER DIE AUTORIN

Diana Beata Balkhausen, Dr. phil., ist Diplom-Pädagogin und körperorientierte Psychotherapeutin.

Geboren 1960 in Westfalen, hat sie in Münster Theologie und Erziehungswissenschaften sowie Kunst- und Kreativtherapie studiert. In Offenburg absolvierte sie eine mehrjährige Vollausbildung in der Methode Eutonie Gerda Alexander® und ist ausgebildet in Gestalttherapie und Transpersonaler Psychotherapie.

Seit 1985 ist sie als Dozentin an Fachschulen und Akademien, seit 1997 als Therapeutin in freier Praxis und im klinischen Bereich tätig.

Diana Balkhausen ist verheiratet, hat zwei erwachsene Töchter und lebt im mittleren Schwarzwald, wo sie zusammen mit ihrem Mann eine psychotherapeutische Praxis führt.

Weitere Informationen und Kontakt unter:
www.praxis-balkhausen.de

Weitere Bücher des holotropos-Verlages:

Rainer Pervöltz:
ÜBER DIE KÖSTLICHKEIT DER DISTANZ;
Märchenalmanach aus der Therapie und dem Alltag;
ISBN 978-3-9812119-3-1

Judith Miller:
DIE DIREKTE VERBINDUNG
Transformation des Bewusstseins;
ISBN 978-3-9812119-0-0

Ursula de Almeida Goldfarb, Stefan Laur:
DIE 9 KREISE
Qi Gong – Gesundheit für Körper, Geist und Seele;
ISBN 978-3-9812119-4-8

Pier Luigi Lattuada:
BEYOND THE MIND
Theory and Practice of Transpersonal Psychology;
ISBN 978-3-9812119-5-5

Els Kikke:
LOSKOMMEN
Werden, wer wir wirklich sind
ISBN 978-3-9812119-7-9

Ursula de Almeida Goldfarb: DIE BOTSCHAFT DER FÄCHER
Der Fächertanz – Ein Weg zur Erkenntnis des Selbst auf der Grundlage des Stillen Qi Gong, mit DVD;
ISBN 978-3-9812119-6-2

Information und Bestellung unter: www.holotropos-verlag.de